PROGRAMACIÓN CON PYTHON

CONSEJOS Y TRUCOS PARA PROGRAMAR CON PYTHON UTILIZANDO LOS PRINCIPIOS Y TEORÍAS DE LA PROGRAMACIÓN EN PYTHON

ROBERT C. MATTHEWS

Tabla de Contenido

Introducción

Este libro contiene pasos y estrategias probados sobre cómo ser un maestro de la programación en Python. He explicado cada tema en detalle para darle una buena comprensión de los temas y comprender fácilmente los diferentes conceptos. En lugar de saltar de un concepto a otro, me he centrado en completar el libro con detalles.

Si me pide que elija algo que sea mejor de este libro, es la cantidad de practicidad que he tratado de incluir en este libro. Yo mismo he escrito todos los códigos de forma fácil y clara para que puedas entenderlos, aprenderlos y practicarlos. Espero que lleve consigo papel y lápiz cuando lea el libro para anotar conceptos importantes del libro. También espero que tenga su computadora portátil o computadora personal lista para elegir los códigos y practicarlos. Puede copiarlos del libro y pegarlos en el editor de texto de Python para ver los resultados. Cuando haya confirmado que los resultados son los mismos que los suyos, puede modificar el código para personalizarlo según su gusto para que pueda aprender el código de memoria. Una vez que haya personalizado el código, el siguiente paso es ejecutarlo y ver el resultado. Si obtiene el resultado deseado, nunca olvidará el código.

Así es como puede aprender todos los temas de este libro. Este es un manual simple de Python que le permitirá crear modelos de objetos de la vida real. Aquí es donde puede comenzar la animación y la robótica. Podrá crear un objeto y hacer que se mueva según sus requisitos.

Este libro es para todos los que estén interesados en Python. Independientemente de su experiencia en tecnología de la información (TI), puede saltar al mundo de Python y tener éxito también. Incluso si no tiene conocimientos previos de programación de computadoras, puede usar este libro para aprender los consejos y trucos de codificación en Python.

Recomiendo que todos los que aspiren a desarrollar una carrera en Python compren este libro y lo lean hasta la última hoja para comprender los conceptos de Python. Python es fácil, pero si lo toma a la ligera, puede resultar difícil para usted. Los espacios en blanco simples pueden destruir su código y dejarlo preguntándose durante horas qué sucedió.

Capítulo Uno

Conceptos básicos de Python: Variables y tipos de datos

Python es un lenguaje que su computadora entiende. Antes de profundizar en el mundo de la programación, necesita el software adecuado en su sistema informático que le permita codificar en Python. Python es el paquete que debe instalarse en un sistema informático antes de comenzar a programar.

Como la mayoría de los usuarios de computadoras usan el sistema operativo Windows, explicaré en detalle cómo puede descargar e instalar Python en el mismo. Hay algunos pasos que debe seguir para el sistema operativo Windows.

- El primer paso es abrir un navegador de Internet y escribir la siguiente dirección: http://www.python.org .

- El segundo paso es examinar varios enlaces que tendrán diferentes nombres, como Python 2.5, Python 2.6 y Python 3.7, y hacer clic en el que desea instalar en su sistema informático. Tengo Python 3.7 instalado en mi sistema informático. Una vez que haya seleccionado la versión, puede descargar el archivo de instalación en su computadora. Puede almacenar el archivo en cualquier unidad o lugar de su sistema informático. Puede seleccionar un destino o crear un directorio nuevo.

- Ahora ejecute el instalador haciendo doble clic en el mismo. El asistente de instalación de Python aparecerá en la pantalla de su computadora. Puede aceptar la configuración predeterminada y la instalación se realizará sin problemas. Una vez que finalice la instalación, estará listo para comenzar.

Si todo va bien, puede ver la carpeta Python en el menú Inicio de Windows. Puede abrir Python IDLE para practicar los siguientes códigos de este capítulo.

Variables

Ahora abriré Python IDLE y comprobaré cómo puede crear variables y usarlas en programas. El Python IDLE hará lo siguiente:

Python 3.8.5 (etiquetas / v3.8.5: 580fbb0, 20 de julio de 2020, 15:57:54) [MSC v.1924 64 bit (AMD64)] en win32

Escriba "ayuda", "derechos de autor", "créditos" o "licencia ()" para obtener más información.

>>>

Ahora crearé una variable.

>>> var = "Quiero convertirme en programador de Python".

>>> imprimir (var)

Quiero convertirme en programador de Python.

>>>

En el código anterior, he almacenado la oración dentro de una variable. Esto se puede hacer de otra manera. Puede mostrar directamente la declaración utilizando la declaración de impresión.

>>> print ("Quiero convertirme en programador de Python")

Quiero convertirme en programador de Python.

>>>

La misma variable puede tener un valor diferente. Vea el siguiente ejemplo:

>>> var = "Python es un lenguaje muy interesante".

>>> imprimir (var)

Python es un lenguaje muy interesante.

>>>

Las variables son muy importantes en Python ya que cada una de ellas tiene un valor específico que se puede utilizar de diferentes formas. Crear y agregar una variable en un programa facilita las cosas para un programador.

La tradición de los nombres

Cuando usa variables en Python, debe adherirse a reglas y tradiciones específicas. Si rompe alguno de ellos, se producirán errores en el código. Incluso si no causa errores, dificultará la escritura del código. Por lo tanto, nombrar las variables de la manera correcta hará que el código sea comprensible. Debe asegurarse de seguir las reglas mencionadas a continuación cuando cree un programa.

- Los nombres de las variables deben contener solo números, guiones bajos y alfabetos. La variable debe comenzar con una letra y no con un número.

- No puede agregar espacios al nombre de una variable. En su lugar, puede insertar espacios entre los nombres de las variables para evitar errores.

- Las palabras clave de Python no se pueden utilizar como nombres de variables. Por ejemplo, imprimir es una palabra clave de Python, por lo que no puede usarla en un programa.

- Los nombres de la variable deben ser ordenados pero descriptivos, de modo que cuando vuelva a leer el código, pueda entender fácilmente sus propias palabras.

A medida que se adentre en el mundo de la programación, aprenderá a crear y utilizar nombres de variables en sus programas. Los nombres de las variables se volverán importantes cuando cree programas largos y complejos. Bastará con leer el nombre para comprender el código. Use minúsculas para nombrar las variables. Los nombres en mayúsculas no provocan errores, pero no están en la práctica y tampoco forman parte de la tradición de los nombres.

Cuando escribe programas complejos de Python, es normal que se produzcan errores. Observe el siguiente error de ortografía en el nombre de la variable.

```
>>> var = "Python es un lenguaje muy interesante".
```

```
>>> imprimir (var)
```

Python es un lenguaje muy interesante.

```
>>> imprimir (varr)
```

Rastreo (llamadas recientes más última):

```
Archivo "<pyshell # 5>", línea 1, en <módulo>
  imprimir (varr)
NameError: el nombre 'varr' no está definido
>>>
```

El intérprete de Python o IDLE muestra errores claros que lo ayudan a comprender la causa raíz del problema. El intérprete proporciona un mensaje de seguimiento y le dice al programador por qué no pudo ejecutar el código. Si lee el mensaje de error con atención, puede comprenderlo bien y eliminar la causa del error.

Cadenas de Python

La mayoría de los programas están destinados a definir, crear y recopilar diferentes tipos de datos. Usan los mismos datos para crear o hacer algo útil con los mismos. Hay diferentes tipos de datos que Python le permite usar. El tipo de datos más común y más utilizado son las cadenas. Las cadenas son simples si se les echa un vistazo, pero ofrecen formas complejas de crear programas. Una cadena se compone de varios caracteres. Todo lo que esté empaquetado entre comillas se denomina cadena de Python. En cuanto a las comillas, puede utilizar comillas simples o dobles alrededor de las mismas.

Nota: De aquí en adelante, cambiaré de Python IDLE al editor de texto de Python. Para hacer esto, debe ir a la pestaña Archivo en el intérprete de Python. Se desplegará una lista. Haga clic en Nuevo. Aparecerá una nueva ventana en la pantalla de su computadora. Este es un editor de texto de Python. Puede escribir su código en el editor y ver su visualización en Python IDLE. Para ejecutarlo de manera efectiva, guarde el archivo y haga clic en Ejecutar en el menú superior. Vea el siguiente ejemplo.

```
var = "Python es un lenguaje muy interesante".
imprimir (var)
var = 'Python es un lenguaje muy interesante.'
imprimir (var)
==== REINICIAR: C: / Users / saifia computers / Desktop / sample1.py ===
Python es un lenguaje muy interesante.
Python es un lenguaje muy interesante.
>>>
```

El código justo después de Reiniciar es la pantalla de Python IDLE. Todo lo anterior está escrito en el editor de texto. Existe un problema con el uso de comillas simples si la cadena que está utilizando contiene un apóstrofe.

```
var1 = "Debes profundizar en los tipos de datos de Python para comprenderlos bien y poder usarlos más tarde".
```

var = "Python es un lenguaje muy interesante pero no es el 'Python' que encuentras en la jungla."

imprimir (var1)

imprimir (var)

==== REINICIAR: C: / Users / saifia computers / Desktop / sample1.py ===

Debe profundizar en los tipos de datos de Python para comprenderlos bien y poder usarlos más adelante.

Python es un lenguaje muy interesante pero no es el 'Python' que encuentras en una jungla.

>>>

Cuando coloque el apóstrofo entre comillas simples, obtendrá un error de sintaxis no válido. Las cadenas de Python te ofrecen mucha flexibilidad. Puede cambiar la cadena en mayúsculas y minúsculas.

var1 = "Debes profundizar en los tipos de datos de Python para comprenderlos bien y poder usarlos más tarde".

var = "Python es un lenguaje muy interesante pero no es el 'Python' que encuentras en la jungla."

imprimir (var1.title ())

imprimir (var.upper ())

imprimir (var1.lower ())

==== REINICIAR: C: / Users / saifia computers / Desktop / sample1.py ===

Debe profundizar en los tipos de datos de Python para comprenderlos bien y poder usarlos más tarde.

PYTHON ES UN LENGUAJE MUY INTERESANTE PERO NO ES EL 'PYTHON' QUE SE ENCUENTRA EN LA SELVA.

debe profundizar en los tipos de datos de Python para comprenderlos bien y poder usarlos más adelante.

>>>

En el ejemplo anterior, he cambiado las cadenas en un título, mayúsculas y minúsculas. Implementé el método title () después de la variable cuando escribí la declaración print (). Un método de Python se define como una acción que Python realiza sobre cierta información. El punto que he insertado después del nombre de la variable le indica a Python que actúe según lo definido en el método. Entonces, he usado tres métodos que definieron tres tipos diferentes de acciones. El paréntesis que puede usar con cada método se usa para completar el método con información adicional.

Nota: la mayoría de los datos se almacenan en minúsculas ().

Concatenación de cadenas

La combinación de cadenas suele ser bastante útil. Veamos cómo hacer eso.

var1 = "Debes profundizar en los tipos de datos de Python para comprenderlos bien y poder usarlos más tarde".

var = "Python es un lenguaje muy interesante pero no es el 'Python' que encuentras en la jungla."

combo_info = var + "" + var1

imprimir (combo_info)

==== REINICIAR: C: / Users / saifia computers / Desktop / sample1.py ===

Python es un lenguaje muy interesante pero no es el 'Python' que encuentras en una jungla. Debe profundizar en los tipos de datos de Python para comprenderlos bien y poder usarlos más adelante.

>>>

El operador + es muy importante en la concatenación de cadenas. Si se lo pierde, verá un error de sintaxis no válido. Puede utilizar la concatenación de cadenas para mostrar mensajes.

var1 = "debe profundizar en los tipos de datos de Python para comprenderlos bien y poder usarlos más adelante".

var = "Python es un lenguaje muy interesante pero no es el 'Python' que encuentras en la jungla."

combo_info = var1 + "" + var

print ("Aprendí de mi experiencia de codificación que aprender Python de manera efectiva", + combo_info)

==== REINICIAR: C: / Users / saifia computers / Desktop / sample1.py ===

Aprendí de mi experiencia en codificación que para aprender Python de manera efectiva, debe profundizar en los tipos de datos de Python para comprenderlos bien y poder usarlos más adelante. Python es un lenguaje muy interesante pero no es el 'Python' que encuentras en una jungla.

>>>

Puede hacer que el código sea un poco más complejo almacenando la información concatenada dentro de otra variable para usarla más tarde.

var1 = "debe profundizar en los tipos de datos de Python para comprenderlos bien y poder usarlos más adelante".

```
var = "Python es un lenguaje muy interesante pero no es el
'Python' que encuentras en la jungla."
combo_info = var1 + "" + var
combo_info1 = "He aprendido de mi experiencia de
codificación que para aprender Python de manera efectiva," +
combo_info
imprimir (combo_info1)
==== REINICIAR: C: / Users / saifia computers / Desktop /
sample1.py ===
```

Aprendí de mi experiencia en codificación que para aprender Python de manera efectiva, debe profundizar en los tipos de datos de Python para comprenderlos bien y poder usarlos más adelante. Python es un lenguaje muy interesante pero no es el 'Python' que encuentras en una jungla.

>>>

Todo lo que necesitó es otra línea de código.

TypeErrors

A veces, las funciones de cadenas no funcionan bien. Con mayor frecuencia, necesitará utilizar el valor de una variable dentro de un mensaje que incluye un dígito.

```
fecha = 21
notificación = "Te veré el" + fecha + "st de enero".
imprimir (notificación)
==== REINICIAR: C: / Users / saifia computers / Desktop / sample1.py ===
```
Rastreo (llamadas recientes más última):
```
  Archivo "C: / Users / saifia Computers / Desktop / sample1.py", línea 2, en <módulo>
    notificación = "Te veré el" + fecha + "st de enero".
TypeError: solo puede concatenar str (no "int") a str
>>>
```

Como puede ver en el mensaje, el error se conoce como TypeError. No puede agregar un número entero a una cadena simplemente usando el operador más. Python no ha podido reconocer el tipo de información que ha agregado al código. La fecha variable lleva un número entero. Si desea emparejar un número entero con una cadena, primero debe convertir el número entero en una cadena y luego ejecutar el código. La conversión es bastante fácil de hacer. Convertiré el mismo número entero en una cadena y luego lo usaré en el código.

fecha = 21

notificación = "Te veré el" + str (fecha) + "st de enero".

imprimir (notificación)

==== REINICIAR: C: / Users / saifia computers / Desktop / sample1.py ===

Nos vemos el 21 de enero.

>>>

Espacios en blanco

El espacio en blanco, en el mundo de la programación, se refiere a los caracteres que normalmente no se imprimen. Estos incluyen tabulaciones, espacios y símbolos que se colocan al final de la línea. Puede administrar los espacios en blanco para organizar la entrada que le resulte más fácil de leer. Si desea agregar una pestaña a una línea de código, puede usar la combinación \ t.

var1 = "Debes profundizar en los tipos de datos de Python para comprenderlos bien y poder usarlos más tarde".

imprimir (var1)

var1 = "\ tDebe profundizar en los tipos de datos de Python para comprenderlos bien y poder usarlos más tarde".

imprimir (var1)

==== REINICIAR: C: / Users / saifia computers / Desktop / sample1.py ===

Debe profundizar en los tipos de datos de Python para comprenderlos bien y poder usarlos más adelante.

Debe profundizar en los tipos de datos de Python para comprenderlos bien y poder usarlos más adelante.

>>>

Puede agregar la combinación \ n para comenzar una nueva línea dentro de una cadena.

var1 = "Debes \ n profundizar en los \ ntipos de datos de Python \ npara comprenderlos bien".

imprimir (var1)

==== REINICIAR: C: / Users / saifia computers / Desktop / sample1.py ===

Debes

profundizar en

Tipos de datos de Python

para entenderlos bien.

>>>

Números de Python

La programación se trata de hacer el cálculo correcto. Puede usar números para mantener puntajes en juegos, visualización de datos y almacenar información dentro de diferentes aplicaciones web.

Python trata diferentes tipos de números, como enteros y decimales, de diferentes formas. Aquí están las funciones matemáticas básicas con números.

>>> 55 + 67

122

>>> 1567 - 56

1511

>>> 55 * 55

3025

>>> 100/2

50,0

>>>

Las matemáticas giran en torno al orden de las operaciones matemáticas. Python puede discriminar con respecto al orden. Puede identificar qué símbolo debe usarse primero y cuál debe usarse más tarde.

>>> 55 * 55 + 500

3525

>>> 5 * 5 - 10

15

>>> 5 * 5 * 5

125

>>> 50 + 5 * 2

60

>>> 100/2 + 5

55,0

>>> 100/2 + 50 - 45

55,0

>>>

Incluiré algunas operaciones entre paréntesis para modificar el resultado.

>>> (55 * 55) + 5

3030

>>> 55 * (55 + 5)

3300

>>> 100 - (50 * 5)

-150

>>> (100 - 50) * 5

250

>>>

Capítulo Dos

Listas de Python

Este capítulo lo guiará a través de los conceptos de las listas de Python y los métodos y funciones relacionados. Aprenderá cómo crear una lista en Python, cómo llenarla con diferentes tipos de elementos, cómo mantenerla, cómo usarla y cómo trabajar con ella. Las listas de Python son notables porque tienen la capacidad de almacenar un elemento hasta un millón de elementos. Las listas de Python son muy poderosas ya que ayudan a unir una serie de conceptos en el mundo de la programación.

Una lista en Python es una colección de diferentes elementos que se empaquetan en un orden determinado. Puede crear una lista que incluya dígitos, letras del alfabeto y nombres de personas. Una lista puede tener cualquier cosa, como información de la tarjeta de crédito, información de los artículos de un juego y artículos de la tienda de comestibles. Como una lista contiene más de un elemento, debe nombrar la lista en plural. Las listas de Python se pueden identificar con la ayuda de corchetes. Tienes que insertar comas para separar diferentes elementos en una lista.

En el siguiente ejemplo, empezaré a crear un juego ahora. En el juego, hay un jugador que tiene que realizar una operación antiterrorista en Agham. Como desarrollador, debes crear una lista de armas que el jugador usará durante sus aventuras. Primero creemos una lista.

```
armas = ['rifle', 'escopeta', 'metralleta', 'rifle de asalto', 'revólver']
imprimir (pistolas)
= REINICIAR: C: / Usuarios / computadoras saifia / Escritorio /
strike game.py
['rifle', 'escopeta', 'metralleta', 'rifle de asalto', 'revólver']
>>>
```

Debe incluirse una lista entre corchetes. El resultado también se muestra entre corchetes. Cuando el jugador quiere que veas el tipo de armas que tiene en la lista, simplemente puede usar el método de acceso. Como desarrollador, puede agregar un método a su código y permitir que el jugador vea la lista de armas.

```
armas = ['rifle', 'escopeta', 'metralleta', 'rifle de asalto', 'revólver']
imprimir (pistolas [0])
imprimir (pistolas [1])
imprimir (pistolas [2])
imprimir (pistolas [3])
imprimir (pistolas [4])
imprimir (pistolas [5])
= REINICIAR: C: / Usuarios / computadoras saifia / Escritorio /
strike game.py
rifle
escopeta
```

pistola ametralladora

fusil de asalto

revólver

Rastreo (llamadas recientes más última):

  Archivo "C: / Users / saifia computers / Desktop / strike game.py", línea 7, en <módulo>

    imprimir (pistolas [5])

IndexError: índice de lista fuera de rango

>>>

El error de índice al final muestra que la lista ha llegado a su fin. El jugador puede ver un mensaje personalizado que le dice que ha alcanzado el límite de armas. Puede personalizar el resultado según sus necesidades. Puede mostrar el resultado en el título, en mayúsculas o minúsculas. No afecta la función del juego, pero afectará el formato de su juego.

armas = ['rifle', 'escopeta', 'metralleta', 'rifle de asalto', 'revólver']

imprimir (pistolas [0] .title ())

imprimir (pistolas [1] .upper ())

imprimir (pistolas [2] .lower ())

imprimir (pistolas [3] .title ())

imprimir (pistolas [4] .title ())

= REINICIAR: C: / Usuarios / computadoras saifia / Escritorio / strike game.py

Rifle

ESCOPETA

pistola ametralladora

Fusil de asalto

Revólver

>>>

Indexación de Python

Python reconoce el inicio del índice desde la posición 0 y no en 1. Este es un método de indexación estándar con todos los lenguajes de programación. Este tipo de indexación ayuda en la indexación negativa. Puede comenzar la indexación negativa en -1. Mientras que el índice 0 comienza desde el primer elemento de la lista, el índice -1 se colocará al final de la lista. Cuando agrega indexación negativa a su código, le permite al jugador ver las armas de su stock desde el extremo opuesto de la lista.

```
armas = ['rifle', 'escopeta', 'metralleta', 'rifle de asalto', 'revólver']
imprimir (pistolas [0] .title ())
imprimir (pistolas [-1] .upper ())
imprimir (pistolas [-2] .lower ())
imprimir (pistolas [-3] .title ())
print (pistolas [-4] .title ())
= REINICIAR: C: / Usuarios / computadoras saifia / Escritorio / strike game.py
Rifle
REVÓLVER
```

fusil de asalto

Pistola ametralladora

Escopeta

>>>

Mostrar un mensaje al jugador

Para que su juego sea más interactivo, puede usar valores individuales de la lista de armas y agregarlos a un mensaje. Implementaré el método de concatenación para desarrollar un mensaje que se mostrará en la pantalla para el usuario del juego. Vea el siguiente ejemplo.

armas = ['rifle', 'escopeta', 'metralleta', 'rifle de asalto', 'revólver']
note = "Ahora estás usando un" + armas [0] .title () + "para matar al enemigo".
imprimir (nota)

note1 = "Ahora estás usando" + armas [3] .title () + "para matar al enemigo".
imprimir (nota1)
= REINICIAR: C: / Usuarios / computadoras saifia / Escritorio / strike game.py
Ahora estás usando un rifle para matar al enemigo.
Ahora estás usando un rifle de asalto para matar al enemigo.
>>>

Modificación de lista

Las listas de Python son increíbles en el sentido de que puede modificarlas fácilmente agregando, eliminando y cambiando elementos en la lista. Las listas son dinámicas. Puedes construirlos desde cero. Puede agregar nuevos elementos a la lista. Puede eliminar los existentes y también puede reemplazar elementos en la lista. Puedes permitir que los jugadores elijan diferentes armas del suelo o arrebatárselas a los enemigos para construir su stock. También puede permitir que el jugador agregue nuevas armas a la reserva, elimine las que estén vacías de balas y reemplace las armas que no le gustan por nuevas armas de su elección. Los métodos simples de la lista le permitirán desarrollar un juego interactivo. En el siguiente ejemplo, agregaré pequeñas líneas de código al programa y obtendré los resultados deseados.

```
armas = ['rifle', 'escopeta', 'metralleta', 'rifle de asalto', 'revólver']
imprimir (pistolas)
# esta línea reemplazará elementos en la lista.
pistolas [0] = 'bazooka'
imprimir (pistolas)
= REINICIAR: C: / Usuarios / computadoras saifia / Escritorio / strike game.py
['rifle', 'escopeta', 'metralleta', 'rifle de asalto', 'revólver']
['bazooka', 'escopeta', 'metralleta', 'rifle de asalto', 'revólver']
>>>
```

Puede reemplazar más de un elemento de la lista.

armas = ['rifle', 'escopeta', 'metralleta', 'rifle de asalto', 'revólver']

imprimir (pistolas)

esta línea reemplazará elementos en la lista.

pistolas [0] = 'bazooka'

imprimir (pistolas)

pistolas [1] = 'bazuca'

imprimir (pistolas)

armas [2] = 'pistola'

imprimir (pistolas)

= REINICIAR: C: / Usuarios / computadoras saifia / Escritorio / strike game.py

['rifle', 'escopeta', 'metralleta', 'rifle de asalto', 'revólver']

['bazooka', 'escopeta', 'metralleta', 'rifle de asalto', 'revólver']

['bazooka', 'bazooka', 'metralleta', 'rifle de asalto', 'revólver']

['bazuca', 'bazuca', 'pistola', 'rifle de asalto', 'revólver']

>>>

Agregar elementos

Puede agregar tantos elementos a la lista como desee. Puede permitir que el jugador recolecte y agregue tantas armas a la lista como desee. El método más simple para agregar un nuevo elemento es usar el método append (). Cuando aplica el método append (), puede agregar un nuevo elemento a la lista.

```
armas = ['rifle', 'escopeta', 'metralleta', 'rifle de asalto', 'revólver']
imprimir (pistolas)
# esta línea agregará elementos a la lista.
guns.append ('bazooka')
imprimir (pistolas)


guns.append ('Ak-47')
imprimir (pistolas)


= REINICIAR: C: / Usuarios / computadoras saifia / Escritorio / strike game.py
['rifle', 'escopeta', 'metralleta', 'rifle de asalto', 'revólver']
['rifle', 'escopeta', 'metralleta', 'rifle de asalto', 'revólver', 'bazuca']
['rifle', 'escopeta', 'metralleta', 'rifle de asalto', 'revólver', 'bazuca', 'Ak-47']
>>>
```

Los elementos que he agregado a través del método append () se han agregado al final de la lista. Así es como puede agregar tantos elementos a la lista como pueda o desee. Cuando está creando una lista aleatoria desde cero, puede usar el método append () y completar la lista.

```
armas = []
imprimir (pistolas)
```

```
# estas líneas agregarán elementos a la lista.

guns.append ('rifle')

imprimir (pistolas)

guns.append ('escopeta')

imprimir (pistolas)

guns.append ('metralleta')

imprimir (pistolas)

guns.append ('rifle de asalto')

imprimir (pistolas)

guns.append ('revólver')

imprimir (pistolas)

= REINICIAR: C: / Usuarios / computadoras saifia / Escritorio /
strike game.py

[]

['rifle']

['rifle', 'escopeta']

['rifle', 'escopeta', 'metralleta']

['rifle', 'escopeta', 'metralleta', 'rifle de asalto']

['rifle', 'escopeta', 'metralleta', 'rifle de asalto', 'revólver']

>>>
```

Este es el método más brillante para crear listas y también altamente interactivo. Puede permitir que los jugadores comiencen desde una lista vacía y llenen las existencias con las armas que recojan en el camino. Esto también pone a los usuarios en control del juego. Puede permitirles definir una lista y continuar con el llenado a medida que avanzan en el juego. El método de adición le permite agregar elementos al final de la lista y el método de inserción le permite agregar elementos en el lugar que elija. El método insert () necesita especificar el índice del elemento que desea agregar a la lista.

```
armas = ['rifle', 'escopeta', 'metralleta', 'rifle de asalto', 'revólver']
imprimir (pistolas)
# estas líneas insertarán elementos en la lista.
guns.insert (0, 'ametralladora')
imprimir (pistolas)


guns.insert (3, 'bazooka')
imprimir (pistolas)
= REINICIAR: C: / Usuarios / computadoras saifia / Escritorio / strike game.py
['rifle', 'escopeta', 'metralleta', 'rifle de asalto', 'revólver']
['ametralladora', 'rifle', 'escopeta', 'metralleta', 'rifle de asalto', 'revólver']
['ametralladora', 'rifle', 'escopeta', 'bazuca', 'metralleta', 'rifle de asalto', 'revólver']
>>>
```

Eliminar elementos

En un juego que se basa en operaciones antiterroristas, los jugadores tienen que usar muchas armas y balas. De vez en cuando, un arma estará vacía de balas. Para hacer el juego más realista, puedes permitir que el jugador tire las armas vacías tan pronto como estén vacías de balas. Existen diferentes métodos para eliminar elementos de la lista. Uno de los métodos más comunes para eliminar elementos es usar la instrucción del.

```
armas = ['rifle', 'escopeta', 'metralleta', 'rifle de asalto', 'revólver']
imprimir (pistolas)
# este código eliminará elementos de la lista.
del guns [0]
imprimir (pistolas)


del guns [1]
imprimir (pistolas)


del guns [2]
imprimir (pistolas)
= REINICIAR: C: / Usuarios / computadoras saifia / Escritorio / strike game.py
['rifle', 'escopeta', 'metralleta', 'rifle de asalto', 'revólver']
['escopeta', 'metralleta', 'rifle de asalto', 'revólver']
['escopeta', 'rifle de asalto', 'revólver']
['escopeta', 'rifle de asalto']
>>>
```

Existe otro método para eliminar elementos. Este se conoce como método pop (). A veces es necesario utilizar el valor del elemento eliminado en el código después de su eliminación. Quieres que el jugador realice un seguimiento de las armas arrojadas para que pueda darse cuenta de cuánta munición ha consumido para derribar a un número específico de soldados enemigos. El método pop () tiende a eliminar el último elemento de su lista, pero puede trabajar con el elemento más tarde. Como sugiere el nombre del método, el método pop () expulsa el elemento superior de la lista. Aquí la parte superior denota el final de la lista.

```
armas = ['rifle', 'escopeta', 'metralleta', 'rifle de asalto', 'revólver']
imprimir (pistolas)
# este código eliminará elementos de la lista.
popped_guns = guns.pop ()
imprimir (pistolas)
imprimir (popped_guns)


popped_guns = guns.pop ()
imprimir (pistolas)
imprimir (popped_guns)


popped_guns = guns.pop ()
imprimir (pistolas)
imprimir (popped_guns)
```

```
popped_guns = guns.pop ()
imprimir (pistolas)
imprimir (popped_guns)


popped_guns = guns.pop ()
imprimir (pistolas)
imprimir (popped_guns)
```

= REINICIAR: C: / Usuarios / computadoras saifia / Escritorio / strike game.py

['rifle', 'escopeta', 'metralleta', 'rifle de asalto', 'revólver']

['rifle', 'escopeta', 'metralleta', 'rifle de asalto']

revólver

['rifle', 'escopeta', 'metralleta']

fusil de asalto

['rifle', 'escopeta']

pistola ametralladora

['rifle']

escopeta

[]

rifle

>>>

He sacado todos los elementos de la lista uno por uno hasta que me quedo con una lista vacía. Almacenaré los elementos emergentes en una variable separada y luego los usaré más tarde. A continuación, emparejaré una declaración de impresión con el método popped () para obtener el resultado deseado.

armas = ['rifle', 'escopeta', 'metralleta', 'rifle de asalto', 'revólver']

imprimir (pistolas)

este código eliminará elementos de la lista.

armas_vacías = armass.pop ()

print ("Has consumido todas las balas en el" + empty_guns.title () + "y has descartado el arma.")

armas_vacías = armass.pop ()

print ("Has consumido todas las balas en el" + empty_guns.title () + "y has descartado el arma.")

armas_vacías = armass.pop ()

print ("Has consumido todas las balas en el" + empty_guns.title () + "y has descartado el arma.")

armas_vacías = armass.pop ()

print ("Has consumido todas las balas en el" + empty_guns.title () + "y has descartado el arma.")

= REINICIAR: C: / Usuarios / computadoras saifia / Escritorio / strike game.py

['rifle', 'escopeta', 'metralleta', 'rifle de asalto', 'revólver']

Has consumido todas las balas del Revólver y has descartado el arma.

Has consumido todas las balas del rifle de asalto y has descartado el arma.

Has consumido todas las balas de la ametralladora y has descartado el arma.

Has consumido todas las balas de la escopeta y has descartado el arma.

>>>

El método pop () también se puede utilizar con los números de índice para eliminar elementos en una posición específica en la lista. Modificaré el código más reciente en el siguiente ejemplo para completarlo con números de índice.

```
armas = ['rifle', 'escopeta', 'metralleta', 'rifle de asalto', 'revólver']
imprimir (pistolas)
# este código eliminará elementos de la lista.
armas_vacías = armass.pop (0)
print ("Has consumido todas las balas en el" + empty_guns.title () + "y has descartado el arma.")


armas_vacías = armass.pop (1)
print ("Has consumido todas las balas en el" + empty_guns.title () + "y has descartado el arma.")
```

armas_vacías = armass.pop (2)

print ("Has consumido todas las balas en el" + empty_guns.title () + "y has descartado el arma.")

= REINICIAR: C: / Usuarios / computadoras saifia / Escritorio / strike game.py

['rifle', 'escopeta', 'metralleta', 'rifle de asalto', 'revólver']

Has consumido todas las balas del rifle y has descartado el arma.

Has consumido todas las balas de la ametralladora y has descartado el arma.

Has consumido todas las balas del Revólver y has descartado el arma.

>>>

Puede hacer que su juego sea más complejo utilizando el método remove () que debe completar con el valor del elemento en la lista. Esto es más específico.

armas = ['rifle', 'escopeta', 'metralleta', 'rifle de asalto', 'revólver']

imprimir (pistolas)

este código eliminará elementos de la lista.

armas_vacías = armass.remove ('rifle')

imprimir (pistolas)

armas_vacías = armass.remove ('escopeta')

imprimir (pistolas)

armas_vacías = armass.remove ('revólver')

imprimir (pistolas)

= REINICIAR: C: / Usuarios / computadoras saifia / Escritorio / strike game.py

['rifle', 'escopeta', 'metralleta', 'rifle de asalto', 'revólver']

['escopeta', 'metralleta', 'rifle de asalto', 'revólver']

['metralleta', 'rifle de asalto', 'revólver']

['metralleta', 'rifle de asalto']

Si el elemento que desea eliminar de la lista no existe en la lista, aparecerá un error en su pantalla. Se verá como el siguiente texto.

armas = ['rifle', 'escopeta', 'metralleta', 'rifle de asalto', 'revólver']

imprimir (pistolas)

armas_vacías = armass.remove ('bazooka')

imprimir (pistolas)

= REINICIAR: C: / Usuarios / computadoras saifia / Escritorio / strike game.py

['rifle', 'escopeta', 'metralleta', 'rifle de asalto', 'revólver']

Rastreo (llamadas recientes más última):

  Archivo "C: / Users / saifia computers / Desktop / strike game.py", línea 4, en <módulo>

    armas_vacías = armass.remove ('bazooka')

ValueError: list.remove (x): x no está en la lista

>>>

El mensaje de error está personalizado correctamente, ya que le indica que ha completado el código con el valor incorrecto.

Una cosa interesante sobre el uso de la función de eliminación es que también puede explicar la razón detrás de la eliminación de un elemento. Al igual que hice con el método pop (), agregaré una declaración de impresión al código para hacer el trabajo.

```
armas = ['rifle', 'escopeta', 'metralleta', 'rifle de asalto', 'revólver']
imprimir (pistolas)


empty_guns = 'rifle'
guns.remove (armas_vacías)
imprimir (pistolas)
print ("\ nHas usado" + empty_guns.title () + "y ha sido descartado.")


empty_guns = 'rifle de asalto'
guns.remove (armas_vacías)
imprimir (pistolas)
print ("\ nHas usado" + empty_guns.title () + "y ha sido descartado.")
= REINICIAR: C: / Usuarios / computadoras saifia / Escritorio / strike game.py
```

['rifle', 'escopeta', 'metralleta', 'rifle de asalto', 'revólver']

['escopeta', 'metralleta', 'rifle de asalto', 'revólver']

Has utilizado el rifle y se ha descartado.

['escopeta', 'metralleta', 'revólver']

Has utilizado el rifle de asalto y se ha descartado.

>>>

Organización de la lista

Las listas de Python son increíbles porque te permiten organizarlas. Cuando crea una lista, generalmente está en un orden impredecible. No siempre puede controlar el orden si ha creado una lista llena de datos de usuario. Los datos que reciba pueden tener un estilo diferente al que espera almacenar en la base de datos. Por ejemplo, es posible que desee almacenar datos en minúsculas y los usuarios llenen la base de datos con datos en mayúsculas. Python le ofrece varias formas de organizar sus listas de acuerdo con sus necesidades personalizadas.

Puede utilizar el método sort () para ordenar una lista en orden alfabético. Si haces esto para el juego, ayudarás a tus jugadores a revisar las armas en un orden predecible.

armas = ['rifle', 'escopeta', 'metralleta', 'rifle de asalto', 'revólver']

imprimir (pistolas)

guns.sort ()

imprimir (pistolas)

= REINICIAR: C: / Usuarios / computadoras saifia / Escritorio / strike game.py

['rifle', 'escopeta', 'metralleta', 'rifle de asalto', 'revólver']

['rifle de asalto', 'revólver', 'rifle', 'escopeta', 'metralleta']

>>>

También puede almacenar la lista en orden alfabético inverso mediante el siguiente método.

armas = ['rifle', 'escopeta', 'metralleta', 'rifle de asalto', 'revólver']

imprimir (pistolas)

guns.sort (reverso = verdadero)

imprimir (pistolas)

= REINICIAR: C: / Usuarios / computadoras saifia / Escritorio / strike game.py

['rifle', 'escopeta', 'metralleta', 'rifle de asalto', 'revólver']

['metralleta', 'escopeta', 'rifle', 'revólver', 'rifle de asalto']

>>>

Existe un método de lista temporal que ordena una lista temporalmente. La función sorted () cambia la lista por el momento. Se revertirá al orden original después de la visualización temporal. Usaré la misma lista y aplicaré la función sorted ().

```
armas = ['rifle', 'escopeta', 'metralleta', 'rifle de asalto', 'revólver']
#Imprimiré aquí la lista original
imprimir (pistolas)


# La siguiente es la lista ordenada
imprimir (clasificado (armas))


# Ahora imprimiré pistolas y verás la lista original
imprimir (pistolas)
```

= REINICIAR: C: / Usuarios / computadoras saifia / Escritorio / strike game.py

```
['rifle', 'escopeta', 'metralleta', 'rifle de asalto', 'revólver']
['rifle de asalto', 'revólver', 'rifle', 'escopeta', 'metralleta']
['rifle', 'escopeta', 'metralleta', 'rifle de asalto', 'revólver']
>>>
```

Puede invertir el orden de la lista utilizando el método reverse ().

```
armas = ['rifle', 'escopeta', 'metralleta', 'rifle de asalto', 'revólver']
imprimir (pistolas)


guns.reverse ()
imprimir (pistolas)
```

= REINICIAR: C: / Usuarios / computadoras saifia / Escritorio / strike game.py

['rifle', 'escopeta', 'metralleta', 'rifle de asalto', 'revólver']

['revólver', 'rifle de asalto', 'metralleta', 'escopeta', 'rifle']

>>>

Con un método simple, puede averiguar la longitud de la lista usando la función len ().

armas = ['rifle', 'escopeta', 'metralleta', 'rifle de asalto', 'revólver']

imprimir (pistolas)

imprimir (len (pistolas))

= REINICIAR: C: / Usuarios / computadoras saifia / Escritorio / strike game.py

['rifle', 'escopeta', 'metralleta', 'rifle de asalto', 'revólver']

5

>>>

Crear un bucle a través de una lista

A veces necesitas crear un bucle a través de tus listas. Puede permitir que su jugador vea todas las armas en su stock cuando esté en medio de la operación para estar seguro de sí mismo. Un simple bucle le permitirá darle a su jugador este privilegio. El bucle mostrará todos los elementos en la pantalla uno por uno. Usaré el bucle *for* para hacer el trabajo por mí.

El siguiente código mostrará todos los elementos de la lista de forma ordenada y limpia. El bucle recuperará cada nombre de la lista y lo mostrará en la pantalla.

armas = ['rifle', 'escopeta', 'metralleta', 'rifle de asalto', 'revólver']

para pistola en armas:

    imprimir (pistola)

= REINICIAR: C: / Usuarios / computadoras saifia / Escritorio / strike game.py

rifle

escopeta

pistola ametralladora

fusil de asalto

revólver

>>>

También puede agregar una declaración al ciclo. La declaración se agregará a cada elemento y se repetirá en la pantalla de forma ordenada.

armas = ['rifle', 'escopeta', 'metralleta', 'rifle de asalto', 'revólver']

para pistola en armas:

    print ("Puedes usar el" + gun.title () + "para someter al enemigo.")

= REINICIAR: C: / Usuarios / computadoras saifia / Escritorio / strike game.py

Puedes usar el rifle para someter al enemigo.

Puedes usar la escopeta para someter al enemigo.

Puedes usar la ametralladora para someter al enemigo.

Puedes usar el rifle de asalto para someter al enemigo.

Puedes usar el revólver para someter al enemigo.

>>>

El mayor beneficio de emparejar bucles y listas es que no es necesario repetir el código para cada elemento de la lista. Python recorre todos los elementos y los agrega a la declaración. Puede escribir varias declaraciones de impresión y cada una de ellas tomará elementos de la lista uno por uno y mostrará correctamente los mensajes.

armas = ['rifle', 'escopeta', 'metralleta', 'rifle de asalto', 'revólver']

para pistola en armas:

    print ("Puedes usar el" + gun.title () + "para someter al enemigo.")

    print ("Debes mantener" + gun.title () + "en modo bloqueado para evitar cualquier contratiempo.")

= REINICIAR: C: / Usuarios / computadoras saifia / Escritorio / strike game.py

Puedes usar el rifle para someter al enemigo.

Debe mantener el rifle en modo bloqueado para evitar cualquier contratiempo.

Puedes usar la escopeta para someter al enemigo.

Debe mantener la escopeta en modo bloqueado para evitar contratiempos.

Puedes usar la ametralladora para someter al enemigo.

Debe mantener la ametralladora en modo bloqueado para evitar cualquier contratiempo.

Puedes usar el rifle de asalto para someter al enemigo.

Debe mantener el rifle de asalto en modo bloqueado para evitar cualquier contratiempo.

Puedes usar el revólver para someter al enemigo.

Debe mantener el Revólver en modo bloqueado para evitar cualquier contratiempo.

>>>

Puede agregar más de dos declaraciones para mejorar la calidad de las comunicaciones en el juego. Puede notar que no hay espacio entre las declaraciones, por lo que no se ven del todo limpias. Agregaré \ n al final de la última declaración de impresión para mantener el espacio adecuado entre varios bloques de declaraciones.

```
armas = ['rifle', 'escopeta', 'metralleta', 'rifle de asalto', 'revólver']
para pistola en armas:
    print ("Puedes usar el" + gun.title () + "para someter al
enemigo.")
    print ("Debes mantener" + gun.title () + "en modo bloqueado
para evitar cualquier contratiempo.")
    print ("¿Quieres mantener" + gun.title () + "en stock? \ n")
```

= REINICIAR: C: / Usuarios / computadoras saifia / Escritorio / strike game.py

Puedes usar el rifle para someter al enemigo.

Debe mantener el rifle en modo bloqueado para evitar cualquier contratiempo.

¿Quieres tener el rifle en stock?

Puedes usar la escopeta para someter al enemigo.

Debe mantener la escopeta en modo bloqueado para evitar contratiempos.

¿Quieres tener la escopeta en stock?

Puedes usar la ametralladora para someter al enemigo.

Debe mantener la ametralladora en modo bloqueado para evitar cualquier contratiempo.

¿Quiere tener la metralleta en stock?

Puedes usar el rifle de asalto para someter al enemigo.

Debe mantener el rifle de asalto en modo bloqueado para evitar cualquier contratiempo.

¿Quieres tener el rifle de asalto en stock?

Puedes usar el revólver para someter al enemigo.

Debe mantener el Revólver en modo bloqueado para evitar cualquier contratiempo.

¿Quieres tener el revólver en stock?

>>>

Puede agregar un mensaje final al final del ciclo. Tu jugador puede hablar sobre lo mucho que le gustan las armas y que está listo para comenzar la misión y matar enemigos. Vea los cambios en el código.

```
armas = ['rifle', 'escopeta', 'metralleta', 'rifle de asalto', 'revólver']
para pistola en armas:
    print ("Puedes usar el" + gun.title () + "para someter al
enemigo.")
    print ("Debes mantener" + gun.title () + "en modo bloqueado
para evitar cualquier contratiempo.")
    print ("¿Quieres mantener" + gun.title () + "en stock? \ n")


print ("¡Gracias por la información! Quiero quedarme con estas
armas").
```

= REINICIAR: C: / Usuarios / computadoras saifia / Escritorio / strike game.py

Puedes usar el rifle para someter al enemigo.

Debe mantener el rifle en modo bloqueado para evitar cualquier contratiempo.

¿Quieres tener el rifle en stock?

Puedes usar la escopeta para someter al enemigo.

Debe mantener la escopeta en modo bloqueado para evitar contratiempos.

¿Quieres tener la escopeta en stock?

Puedes usar la ametralladora para someter al enemigo.

Debe mantener la ametralladora en modo bloqueado para evitar cualquier contratiempo.

¿Quiere tener la metralleta en stock?

Puedes usar el rifle de asalto para someter al enemigo.

Debe mantener el rifle de asalto en modo bloqueado para evitar cualquier contratiempo.

¿Quieres tener el rifle de asalto en stock?

Puedes usar el revólver para someter al enemigo.

Debe mantener el Revólver en modo bloqueado para evitar cualquier contratiempo.

¿Quieres tener el revólver en stock?

¡Gracias por la información! Quiero quedarme con estas armas.

>>>

Esta opción le resultará muy útil cuando tenga que procesar una gran cantidad de datos y luego mostrar un resultado final. También puede agregar este método al inicio de su juego para mostrar diferentes personajes entre los que el usuario debe elegir para jugar.

Listas numéricas

Puede crear listas numéricas con bastante facilidad. Hay más de una razón para almacenar un conjunto de números. Debe realizar un seguimiento del número de enemigos muertos y el número de armas utilizadas en una sola sesión de juego. Cuando realiza la visualización de datos, debe trabajar con números y tamaños de diferentes elementos. Las listas le ofrecen un medio perfecto para almacenar números y trabajar con ellos de manera eficiente. Cuando haya aprendido a usar los números de manera eficaz, es probable que su código funcione bien incluso si ha empaquetado las listas con millones de elementos.

La función range ()

La función range () en Python hace que sea divertido generar muchos números sin escribirlos en el programa. Si necesita 30 números, puede generarlos mediante la función range ().

para el número en el rango (0,30):

    imprimir (número)

= REINICIAR: C: / Usuarios / computadoras saifia / Escritorio / strike game.py

0

1

2

3

4

5

6

7

8

9

10

11

12

13

14

15

dieciséis

17

18

19

20

21

22

23

24

25

26

27

28

29

>>>

Los valores pueden cambiar si cambia la entrada en el código.

para el número en el rango (5000,5030):

   imprimir (número)

= REINICIAR: C: / Usuarios / computadoras saifia / Escritorio / strike game.py

5000

5001

5002

5003

5004

5005

5006

5007

5008

5009

5010

5011

5012

5013

5014

5015

5016

5017

5018

5019

5020

5021

5022

5023

5024

5025

5026

5027

5028

5029

>>>

Puede utilizar la función range () para crear una lista de números. Con este método, podrá convertir los números en una lista sin trabajar por separado en la creación de la lista. Usaré la función range () que hará el trabajo.

números = lista (rango (5000,5030))

imprimir (números)

= REINICIAR: C: / Usuarios / computadoras saifia / Escritorio / strike game.py

[5000, 5001, 5002, 5003, 5004, 5005, 5006, 5007, 5008, 5009, 5010, 5011, 5012, 5013, 5014, 5015, 5016, 5017, 5018, 5019, 5020, 5021, 5022, 5023, 5024 , 5025, 5026, 5027, 5028, 5029]

>>>

Puede usar la función range () para instruir a Python sobre cómo omitir números que se encuentran en un rango determinado. Enumeraré los números pares que se encuentran entre 1 y 10.

```
e_numbers = lista (rango (2,20,2))
imprimir (e_numbers)
= REINICIAR: C: / Usuarios / computadoras saifia / Escritorio / strike game.py
[2, 4, 6, 8, 10, 12, 14, 16, 18]
```

>>>

Puede editar el rango y aumentar la diferencia de omisión de números pares.

```
e_numbers = lista (rango (4,50,4))
imprimir (e_numbers)
= REINICIAR: C: / Usuarios / computadoras saifia / Escritorio / strike game.py
[4, 8, 12, 16, 20, 24, 28, 32, 36, 40, 44, 48]
```

>>>

La función range () comienza en los números 2 y 4 respectivamente en los dos ejemplos. Los números 2 y 4 se suman respectivamente a los números para obtener el resultado requerido. Con la ayuda de la función range (), puede crear diferentes conjuntos de números. Pasemos a otras cosas increíbles que puede hacer con los números.

e_numbers = [1, 2, 3, 4, 5, 6, 7, 8, 9, 10, 11, 12, 13]

imprimir (e_numbers)

imprimir (min (e_numbers))

imprimir (max (e_numbers))

imprimir (suma (números_e))
= REINICIAR: C: / Usuarios / computadoras saifia / Escritorio / strike game.py
[1, 2, 3, 4, 5, 6, 7, 8, 9, 10, 11, 12, 13]
1
13
91
>>>

Rebanar lista

Puede cortar una lista por la mitad o en varias partes según sus requisitos. Debe recordar los números de índice para producir los cortes de su elección. Los primeros y últimos elementos de la parte de la lista son necesarios para completar el método de división. Como es el caso de la función range (), Python se detiene en un elemento antes del último elemento de índice que menciona en el código. El siguiente ejemplo le ayudará a aclarar su mente sobre el método de corte.

```
armas = ['rifle', 'escopeta', 'metralleta', 'rifle de asalto', 'revólver']
imprimir (pistolas)


# Este es el código para producir un corte perfecto
imprimir (pistolas [0: 3])
= REINICIAR: C: / Usuarios / computadoras saifia / Escritorio /
strike game.py
['rifle', 'escopeta', 'metralleta', 'rifle de asalto', 'revólver']
['rifle', 'escopeta', 'metralleta']
>>>
```

Puede ver que el resultado no incluye el número de índice 3. El código detuvo un artículo antes del número de índice requerido. El método de corte le ofrece la oportunidad de producir diferentes cortes.

```
armas = ['rifle', 'escopeta', 'metralleta', 'rifle de asalto', 'revólver']
imprimir (pistolas)


# Este es el código para producir un corte perfecto
imprimir (pistolas [0: 3])
imprimir (pistolas [1: 3])
```

imprimir (pistolas [1: 4])

= REINICIAR: C: / Usuarios / computadoras saifia / Escritorio /
strike game.py

['rifle', 'escopeta', 'metralleta', 'rifle de asalto', 'revólver']

['rifle', 'escopeta', 'metralleta']

['escopeta', 'metralleta']

['escopeta', 'metralleta', 'rifle de asalto']

>>>

También puede omitir la primera parte del índice. Comenzará el corte desde el primer elemento de la lista.

armas = ['rifle', 'escopeta', 'metralleta', 'rifle de asalto', 'revólver']
imprimir (pistolas)

Este es el código para producir un corte perfecto
imprimir (pistolas [: 3])
imprimir (pistolas [: 3])
imprimir (pistolas [: 4])

= REINICIAR: C: / Usuarios / computadoras saifia / Escritorio /
strike game.py

['rifle', 'escopeta', 'metralleta', 'rifle de asalto', 'revólver']

['rifle', 'escopeta', 'metralleta']

['rifle', 'escopeta', 'metralleta']

['rifle', 'escopeta', 'metralleta', 'rifle de asalto']

>>>

Del mismo modo, puede omitir la segunda parte del índice. Permitirá que el segmento alcance el último elemento del índice.

```
armas = ['rifle', 'escopeta', 'metralleta', 'rifle de asalto', 'revólver']
imprimir (pistolas)


# Este es el código para producir un corte perfecto
imprimir (pistolas [0:])
imprimir (pistolas [1:])
imprimir (pistolas [2:])
= REINICIAR: C: / Usuarios / computadoras saifia / Escritorio / strike game.py
['rifle', 'escopeta', 'metralleta', 'rifle de asalto', 'revólver']
['rifle', 'escopeta', 'metralleta', 'rifle de asalto', 'revólver']
['escopeta', 'metralleta', 'rifle de asalto', 'revólver']
['metralleta', 'rifle de asalto', 'revólver']
>>>
```

El método de corte le da la libertad de producir cortes mediante indexación negativa.

```
armas = ['rifle', 'escopeta', 'metralleta', 'rifle de asalto', 'revólver']
imprimir (pistolas)


# Este es el código para producir un corte perfecto
```

imprimir (pistolas [-1:])

imprimir (pistolas [: - 1])

imprimir (pistolas [-2:])

= REINICIAR: C: / Usuarios / computadoras saifia / Escritorio /
strike game.py

['rifle', 'escopeta', 'metralleta', 'rifle de asalto', 'revólver']

['revólver']

['rifle', 'escopeta', 'metralleta', 'rifle de asalto']

['rifle de asalto', 'revólver']

>>>

Al igual que hemos recorrido las listas, también podemos crear y ejecutar ciclos a través de cortes. En el siguiente fragmento de código, construiré y ejecutaré un bucle a través del segmento de la lista. Tu jugador puede sentir la necesidad de mostrar la lista de armas que ha consumido en tu juego. Puedes agregar una línea de código al juego que le diga al jugador los nombres de las armas que ya ha consumido.

armas = ['rifle', 'escopeta', 'metralleta', 'rifle de asalto', 'revólver']

print ("Aquí está la lista de armas que has usado hasta ahora:")
para pistola en pistolas [: 4]:
    imprimir (gun.title ())
= REINICIAR: C: / Usuarios / computadoras saifia / Escritorio /
strike game.py

Aquí está la lista de armas que ha usado hasta ahora:

Rifle

Escopeta

Pistola ametralladora

Fusil de asalto

>>>

El bucle no ha mostrado todos los elementos sino solo los que hemos especificado en el método de corte. Slices puede ayudarte en diferentes situaciones. Puede compilar la puntuación de un jugador, pero agregar una porción a la puntuación final cada vez que un jugador finaliza el juego.

Copiar listas

Es posible que desee comenzar con una lista primero y crear una completamente nueva basada en el original. Usaré el operador [:] que le dice a Python que cree un segmento desde el primero hasta el último elemento. Entonces, la copia de una lista es una gran porción que abarca la lista original desde el principio hasta el final.

armas = ['rifle', 'escopeta', 'metralleta', 'rifle de asalto', 'revólver']
my_guns = armas [:]

print ("Estas son las armas que te dieron al comienzo del juego:")
imprimir (pistolas)

print ("\ nEstas son las armas que has consumido hasta ahora:")

imprimir (my_guns)

= REINICIAR: C: / Usuarios / computadoras saifia / Escritorio / strike game.py

Estas son las armas que te entregaron al comienzo del juego:

['rifle', 'escopeta', 'metralleta', 'rifle de asalto', 'revólver']

Estas son las armas que has consumido hasta ahora:

['rifle', 'escopeta', 'metralleta', 'rifle de asalto', 'revólver']

>>>

Puede verificar si realmente ha producido una copia de la lista original agregando nuevos elementos a la lista original.

armas = ['rifle', 'escopeta', 'metralleta', 'rifle de asalto', 'revólver']

my_guns = armas [:]

guns.append ('bazooka')

my_guns.append ('AK-47')

print ("Estas son las armas que te dieron al comienzo del juego:")

imprimir (pistolas)

print ("\ nEstas son las armas que has consumido hasta ahora:")

imprimir (my_guns)

= REINICIAR: C: / Usuarios / computadoras saifia / Escritorio / strike game.py

Estas son las armas que te entregaron al comienzo del juego:

['rifle', 'escopeta', 'metralleta', 'rifle de asalto', 'revólver', 'bazuca']

Estas son las armas que has consumido hasta ahora:

['rifle', 'escopeta', 'metralleta', 'rifle de asalto', 'revólver', 'AK-47']

>>>

Puede ver que los elementos se agregan por separado a las dos listas. Esto prueba que ahora tiene dos listas. Ahora eliminaré el método de corte del código y veré qué sucede cuando intento agregar los mismos elementos a las dos listas con nombres diferentes.

```
armas = ['rifle', 'escopeta', 'metralleta', 'rifle de asalto', 'revólver']
my_guns = armas


guns.append ('bazooka')
my_guns.append ('AK-47')
print ("Estas son las armas que te dieron al comienzo del
juego:")
imprimir (pistolas)


print ("\nEstas son las armas que has consumido hasta ahora:")
```

imprimir (my_guns)

= REINICIAR: C: / Usuarios / computadoras saifia / Escritorio / strike game.py

Estas son las armas que te entregaron al comienzo del juego:

['rifle', 'escopeta', 'metralleta', 'rifle de asalto', 'revólver', 'bazuca', 'AK-47']

Estas son las armas que has consumido hasta ahora:

['rifle', 'escopeta', 'metralleta', 'rifle de asalto', 'revólver', 'bazuca', 'AK-47']

>>>

El resultado muestra que el resultado no es el que pretendíamos en primer lugar. Las dos listas ahora contienen los mismos dos elementos que teníamos intención de agregar a dos listas diferentes.

Tuplas

Las tuplas de Python aparecen como listas cuando los programadores las usan para empaquetar diferentes elementos, pero son de naturaleza diferente. Las listas de Python funcionan muy bien para almacenar elementos que tienden a cambiar a lo largo de un programa. Las listas ofrecen la mejor práctica de programación porque puede modificarlas fácilmente. Pero a veces es necesario crear una lista que no desea cambiar. Aquí las tuplas vienen al rescate. Python nombra los valores que no puede cambiar como inmutables. De esta forma, una tupla es una lista inmutable.

Una tupla se parece a una lista excepto por el hecho de que debe usar paréntesis para las tuplas en lugar de corchetes. Una vez que haya definido una tupla, puede acceder a todos los elementos de la lista por el número de índice. Es lo mismo que para una lista.

Convertiré la misma lista de elementos en una tupla, pero incluirla en un juego es un poco extraño. Si está ejecutando una institución financiera y tiene que almacenar información que desea que permanezca inmutable, puede cargarla en una tupla.

```
armas = ('rifle', 'escopeta', 'metralleta', 'rifle de asalto', 'revólver')
imprimir (pistolas)
= REINICIAR: C: / Usuarios / computadoras saifia / Escritorio / strike game.py
('rifle', 'escopeta', 'metralleta', 'rifle de asalto', 'revólver')
>>>
```

En el siguiente ejemplo, intentaré cambiar los valores de una tupla. Se espera que el código muestre un error.

```
armas = ('rifle', 'escopeta', 'metralleta', 'rifle de asalto', 'revólver')
imprimir (pistolas)


# Ahora intentaré cambiar un par de valores en la tupla.
pistolas [0] = 'bazooka'
pistolas [2] = 'AK-47'
```

= REINICIAR: C: / Usuarios / computadoras saifia / Escritorio / strike game.py

('rifle', 'escopeta', 'metralleta', 'rifle de asalto', 'revólver')

Rastreo (llamadas recientes más última):

  Archivo "C: / Users / saifia computers / Desktop / strike game.py", línea 5, en <módulo>

    pistolas [0] = 'bazooka'

TypeError: el objeto 'tuple' no admite la asignación de elementos

>>>

Crear un bucle a través de una tupla

Puede crear y ejecutar un bucle a través de una tupla utilizando el bucle *for* .

armas = ('rifle', 'escopeta', 'metralleta', 'rifle de asalto', 'revólver')

imprimir (pistolas)

para pistola en armas:

    imprimir (pistola)

= REINICIAR: C: / Usuarios / computadoras saifia / Escritorio / strike game.py

('rifle', 'escopeta', 'metralleta', 'rifle de asalto', 'revólver')

rifle

escopeta

pistola ametralladora

fusil de asalto

revólver

>>>

Python devuelve casi todos los elementos de la tupla. No puede cambiar valores individuales en una tupla, pero puede modificar una tupla completa.

```
armas = ('rifle', 'escopeta', 'metralleta', 'rifle de asalto', 'revólver')
imprimir (pistolas)

para pistola en armas:
    imprimir (pistola)

armas = ('AK-47', 'bazooka')
print ("\ nEsta es una tupla modificada:")
para pistola en armas:
    imprimir (pistola)
```

= REINICIAR: C: / Usuarios / computadoras saifia / Escritorio / strike game.py

('rifle', 'escopeta', 'metralleta', 'rifle de asalto', 'revólver')

rifle

escopeta

pistola ametralladora

fusil de asalto

revólver

Esta es una tupla modificada:

AK-47

bazuca

>>>

Python no generó errores porque sobrescribí la tupla. Las tuplas son estructuras de datos simples en comparación con listas. Puede utilizarlos cuando desee almacenar diferentes valores que no le gusta que se modifiquen durante toda la vida del programa.

Capítulo Tres

Condicionales de Python

La programación puede llevarlo a una posición en la que tenga que examinar un conjunto de condiciones. También debe decidir qué acción tomar después de que se hayan probado las condiciones. Python le permite examinar el programa y luego responder en consecuencia. En este capítulo, te explicaré cómo puedes escribir las pruebas condicionales que te permitan comprobar una determinada condición de interés. Este capítulo lo guiará a través del proceso de redacción de las declaraciones *if*. También explicaré cómo se pueden escribir declaraciones condicionales complejas.

En el siguiente fragmento de código, le daré un breve ejemplo de cómo funcionan las declaraciones *if*. Usaré la misma lista de armas para integrar la declaración if.

```
armas = ['rifle', 'escopeta', 'metralleta', 'rifle de asalto', 'revólver']
para pistola en armas:
    si pistola == 'rifle':
        imprimir (pistola.upper ())
    más:
        imprimir (pistola.bajo ())
```

= REINICIAR: C: / Usuarios / computadoras saifia / Escritorio / strike game.py

RIFLE

escopeta

pistola ametralladora

fusil de asalto

revólver

>>>

Determinaré en el siguiente fragmento de código si las condiciones no son iguales.

armas = ('rifle', 'escopeta', 'metralleta', 'rifle de asalto', 'revólver')

si armas! = 'Ak-47':

   print ("Debes encontrar y usar un AK-47.")

if guns! = 'bazooka':

   print ("Debes encontrar y usar una bazuca")

= REINICIAR: C: / Usuarios / computadoras saifia / Escritorio / strike game.py

Debes encontrar y usar un AK-47.

Debes encontrar y usar una bazuca.

>>>

Ahora volveré a IDLE para probar diferentes condiciones.

>>> edad_de_jugadores = 20

>>> jugadores_edad <22

Cierto

>>> jugadores_edad <18

Falso

>>> jugadores_edad> 22

Falso

>>> jugadores_edad <= 22

Cierto

>>>

Ver más pruebas condicionales. Ahora probaré varias condiciones en el código. Para comprobar si dos condiciones parece ser cierto, puede utilizar *y* palabra clave y combinar las pruebas condicionales. Si pasa cierto, la expresión puede evaluarse como verdadera. Si ambas pruebas fallan, la expresión se evaluará como Falsa.

>>> edad_jugadores = 22

>>> jugadores1_edad = 20

>>> players_age> = 22 y players1_age> = 22

Falso

>>> jugadores1_edad = 22

>>> players_age> = 22 y players1_age> = 22

Cierto

>>>

Con la ayuda de las pruebas condicionales, puede comprobar si una lista contiene un valor específico antes de realizar una acción. A veces, es posible que deba verificar si existe un arma en el stock del jugador antes de que salte al valle para realizar la operación antiterrorista. Voy a añadir la palabra clave *en* el código y ver cómo funciona.

```
armas = ('rifle', 'escopeta', 'metralleta', 'rifle de asalto', 'revólver')
'revólver' en armas
```

Puede agregar declaraciones *if* al código para escribir muchas declaraciones if. Varias declaraciones if pueden coexistir en el código. Puede probar la elegibilidad de un jugador para una operación en función de la cantidad de armas que haya recogido del cargador o arrebatado a los enemigos. Vea el siguiente ejemplo que prueba esta condición y permite o rechaza la elegibilidad de un jugador.

```
pistolas = 6
```

```
si armas> = 5:
    print ("Reproductor: ahora puede continuar con la operación de campo").
```

= REINICIAR: C: / Usuarios / computadoras saifia / Escritorio / strike game.py

Jugador: ahora puede continuar con la operación de campo.

```
>>>
```

Python prueba la condición para comprobar si el valor de la variable de armas es mayor que el de la condición. Si encuentra que la condición es verdadera, ejecuta la condición y ejecuta la declaración. Puede agregar tantos mensajes al código como desee.

pistolas = 6

si armas> = 5:

    print ("Reproductor: ahora puede continuar con la operación de campo").

    print ("¿Estás listo para atacar?")

    print ("Revisa tus armas y ata el paracaídas. Te dejaremos caer sobre las colinas").

= REINICIAR: C: / Usuarios / computadoras saifia / Escritorio / strike game.py

Jugador: ahora puede continuar con la operación de campo.

¿Estás listo para atacar?

Revisa tus armas y ata el paracaídas. Te dejaremos caer sobre las colinas.

>>>

La declaración if-else

Es posible que sienta que lo que sucede si los jugadores dicen que tiene un número menor de armas, por lo que no es elegible. Aquí viene a jugar la declaración else. El bloque if-else hace posible que el jugador realice la acción apropiada. De lo contrario, la instrucción else navega por el código si la condición es falsa. He cambiado el código pero todavía no he cambiado el número de armas.

pistolas = 6

si armas> = 5:

    print ("Reproductor: ahora puede continuar con la operación de campo").

    print ("¿Estás listo para atacar?")

    print ("Revisa tus armas y ata el paracaídas. Te dejaremos caer sobre las colinas").
más:

    print ("Jugador: ¡Lo siento! No tienes suficientes armas.")

    print ("Ve al campo y recoge o arrebata más armas para avanzar hacia la misión").
= REINICIAR: C: / Usuarios / computadoras saifia / Escritorio / strike game.py
Jugador: ahora puede continuar con la operación de campo.
¿Estás listo para atacar?
Revisa tus armas y ata el paracaídas. Te dejaremos caer sobre las colinas.
>>>
En el siguiente ejemplo, cambiaré el número de pistolas para que el bloque else empiece a funcionar.

pistolas = 4

si armas> = 5:

    print ("Reproductor: ahora puede continuar con la operación de campo").

    print ("¿Estás listo para atacar?")

    print ("Revisa tus armas y ata el paracaídas. Te dejaremos caer sobre las colinas").

más:

    print ("Jugador: ¡Lo siento! No tienes suficientes armas.")

    print ("Ve al campo y recoge o arrebata más armas para avanzar hacia la misión").

= REINICIAR: C: / Usuarios / computadoras saifia / Escritorio / strike game.py

Jugador: ¡Lo siento! No tienes suficientes armas.

Ve al campo y recoge o arrebata más armas para avanzar hacia la misión.

>>>

Cuando pasa la prueba condicional, el primer bloque de código comienza a funcionar. Cuando la prueba condicional falla, el segundo bloque de código comienza a funcionar.

La cadena if-elif-else

Con más frecuencia, debe probar varias situaciones. Puede usar la cadena if-elif-else de Python para evaluarlos. Python ejecuta una declaración a la vez. Ejecuta cada prueba condicional y se detiene en la que pasa.

```
pistolas = 2


si armas> 5:

    print ("Reproductor: ahora puede continuar con la operación
de campo").

    print ("¿Estás listo para atacar?")

    print ("Revisa tus armas y ata el paracaídas. Te dejaremos
caer sobre las colinas").
pistolas elif> 10:

    print ("Estás súper listo para la operación. ¡Prepárate lo antes
posible!")
más:

    print ("Jugador: ¡Lo siento! No tienes suficientes armas.")

    print ("Ve al campo y recoge o arrebata más armas para
avanzar hacia la misión").
>>> = REINICIAR: C: / Usuarios / computadoras saifia /
Escritorio / strike game.py
Jugador: ¡Lo siento! No tienes suficientes armas.
Ve al campo y recoge o arrebata más armas para avanzar hacia
la misión.
>>>
```

Puede probar varias condiciones con la ayuda de cadenas if-elif-else. Cuando Python encuentra una prueba que puede pasar, la ejecuta y se salta el resto de las pruebas.

```python
armas = ['rifle', 'escopeta', 'metralleta', 'rifle de asalto', 'revólver']


si 'rifle' en armas:

    print ("Puedes usar un rifle para matar al enemigo").

si 'escopeta' en armas:

    print ("Puedes usar una escopeta para matar al enemigo").

si 'metralleta' en armas:

    print ("Puedes usar metralleta para matar al enemigo").

si 'rifle de asalto' en armas:

    print ("Puedes usar un rifle de asalto para matar al enemigo").

si 'revólver' en armas:

    print ("Puedes usar un revólver para matar al enemigo").

si 'AK-47' en armas:

    print ("Puedes usar AK-47 para matar al enemigo").


print ("\ nEstás equipado con todas las armas que necesitas para la misión").
```

= REINICIAR: C: / Usuarios / computadoras saifia / Escritorio / strike game.py

Puedes usar un rifle para matar al enemigo.

Puedes usar escopeta para matar al enemigo.

Puedes usar metralleta para matar al enemigo.

Puedes usar un rifle de asalto para matar al enemigo.

Puedes usar un revólver para matar al enemigo.

Estás equipado con todas las armas que necesitas para la misión.

>>>

El mismo código no funcionará si usa un bloque if-elif-else porque cesará las operaciones después de que una prueba siga su curso.

armas = ['rifle', 'escopeta', 'metralleta', 'rifle de asalto', 'revólver']

si 'rifle' en armas:

print ("Puedes usar un rifle para matar al enemigo").

elif 'escopeta' en armas:

print ("Puedes usar una escopeta para matar al enemigo").

elif 'metralleta' en armas:

print ("Puedes usar metralleta para matar al enemigo").

elif 'rifle de asalto' en armas:

print ("Puedes usar un rifle de asalto para matar al enemigo").

elif 'revólver' en armas:

print ("Puedes usar un revólver para matar al enemigo").

elif 'AK-47' en armas:

print ("Puedes usar AK-47 para matar al enemigo").

print ("\ nEstás equipado con todas las armas que necesitas para la misión").

= REINICIAR: C: / Usuarios / computadoras saifia / Escritorio / strike game.py

Puedes usar un rifle para matar al enemigo.

Estás equipado con todas las armas que necesitas para la misión.

>>>

Combinando declaraciones if y listas

Puede combinar declaraciones if de Python con listas de Python. Puede gestionar el cambio de condiciones como la disponibilidad de armas para el jugador durante una sesión de juego.

armas = ['rifle', 'escopeta', 'metralleta', 'rifle de asalto', 'revólver']

para pistola en armas:

   print ("Puedes usar" + gun + "para disparar a los soldados enemigos").

print ("\ nEstás equipado con todas las armas que necesitas para la misión").

= REINICIAR: C: / Usuarios / computadoras saifia / Escritorio / strike game.py

Puedes usar un rifle para disparar a los soldados enemigos.

Puedes usar escopeta para disparar a los soldados enemigos.

Puedes usar metralleta para disparar a los soldados enemigos.

Puedes usar un rifle de asalto para disparar a los soldados enemigos.

Puedes usar un revólver para disparar a los soldados enemigos.

Estás equipado con todas las armas que necesitas para la misión.

>>>

Puede haber una situación en la que un jugador se quede sin un arma en particular en medio del juego. Si empaqueta una declaración if en el bucle for, podrá manejar la situación bastante bien. Empacaré la declaración if en un bucle for.

armas = ['rifle', 'escopeta', 'metralleta', 'rifle de asalto', 'revólver']

para pistola en armas:
   if gun == 'escopeta':
      print ("Lo siento, la escopeta no tiene balas")
   más:
      print ("Puedes usar" + gun + "para disparar a los soldados enemigos").

print ("\ nEstás equipado con todas las armas que necesitas para la misión").

>>> = REINICIAR: C: / Usuarios / computadoras saifia / Escritorio / strike game.py

Puedes usar un rifle para disparar a los soldados enemigos.

Lo siento, la escopeta no tiene balas.

Puedes usar metralleta para disparar a los soldados enemigos.

Puedes usar un rifle de asalto para disparar a los soldados enemigos.

Puedes usar un revólver para disparar a los soldados enemigos.

Estás equipado con todas las armas que necesitas para la misión.

>>>

Agregaré al código para que el jugador pueda recibir el mismo mensaje para más de un arma si esas armas se quedan sin balas en una sesión de juego.

armas = ['rifle', 'escopeta', 'metralleta', 'rifle de asalto', 'revólver']

para pistola en armas:

    if gun == 'escopeta':

        print ("Lo siento, la escopeta no tiene balas")

    pistola elif == 'rifle':

        print ("Lo siento, el rifle no tiene balas")

    pistola elif == 'revólver':

        print ("Lo siento, el revólver está vacío de balas")

    más:

print ("Puedes usar" + gun + "para disparar a los soldados enemigos").

print ("\ nEstás equipado con todas las armas que necesitas para la misión").

= REINICIAR: C: / Usuarios / computadoras saifia / Escritorio / strike game.py

Lo siento, el rifle no tiene balas.

Lo siento, la escopeta no tiene balas.

Puedes usar metralleta para disparar a los soldados enemigos.

Puedes usar un rifle de asalto para disparar a los soldados enemigos.

Lo siento, el revólver no tiene balas.

Estás equipado con todas las armas que necesitas para la misión.

>>>

Tengo dos bloques de código elif para mostrar el mismo mensaje para más de una pistola. El código verifica cada arma antes de entregarla al jugador y muestra el mensaje en consecuencia. El bloque else asegura que todas las armas se agreguen al traje del jugador antes de que entre al campo de batalla. Puede modificar el código para ver si la lista de armas está vacía o no. Puede consultar la lista antes de que el ciclo siga su curso. Si Python encuentra que la lista está vacía antes de agregar armas al traje del jugador, el jugador verá un mensaje diferente con una estrategia diferente para el juego.

```
armas = []


si armas:

    para pistola en armas:

        print ("Puedes usar" + gun + "para disparar a los soldados
enemigos").

        print ("\ nEstás equipado con todas las armas que necesitas
para la misión").
más:

        print ("¿Le gustaría usar cuchillos en su lugar para terminar el
trabajo?")


= REINICIAR: C: / Usuarios / computadoras saifia / Escritorio /
strike game.py
¿Le gustaría usar cuchillos en su lugar para terminar el trabajo?
>>>
```

Puede agregar más de una lista a su código. En el siguiente ejemplo, agregaré dos listas al código. Puedes permitir que tu jugador solicite un arma en medio de una misión. Para ello dispondrá de dos listas. Una lista será de las armas que se han agregado al traje del jugador, la otra lista contendrá las armas que se pueden proporcionar a pedido. Tenga en cuenta los cambios en el código para desarrollar esta característica interesante para su juego o programa.

```
armas = ['rifle', 'escopeta', 'metralleta', 'rifle de asalto', 'revólver']
```

demanded_guns = ['AK-47', 'ametralladora', 'bazooka']

para demanded_gun en demanded_guns:

    si demanded_gun en demanded_guns:

        print ("Puedes usar" + demanded_gun + "para disparar a los soldados enemigos.")

    más:

        print ("Lo sentimos, no puedes acceder a" + demanded_gun + ".")

print ("\ nEstás equipado con todas las armas que necesitas para la misión").
= REINICIAR: C: / Usuarios / computadoras saifia / Escritorio / strike game.py
Puedes usar AK-47 para disparar a los soldados enemigos.
Puedes usar ametralladoras para disparar a los soldados enemigos.
Puedes usar bazooka para disparar a los soldados enemigos.

Estás equipado con todas las armas que necesitas para la misión.
>>>
He definido la lista de armas a las que puede acceder un jugador. Luego creé un bucle que recorría las armas exigidas.

Capítulo Cuatro

Diccionarios de Python

Este capítulo lo guiará a través del arte de crear diccionarios de Python y aprenderá a usarlos en código de manera efectiva. Esto le permite conectar diferentes piezas de información. Explicaré cómo acceder a elementos de un diccionario. Puede almacenar una cantidad ilimitada de información dentro de un diccionario. Explicaré cómo se puede agregar un bucle al diccionario. Los diccionarios de Python le permiten modelar una amplia gama de objetos de la vida real para crear los programas que elija. Puedes crear el modelo de una persona y almacenar tanta información sobre ella como puedas. Los diccionarios están llenos de pares de información.

En el siguiente ejemplo, crearé pares de información para completar un diccionario. Agregaré el color de cada arma para que el jugador pueda elegir. Vea el ejemplo del siguiente diccionario.

```
armas = {'rifle': 'verde', 'escopeta': 'azul', 'metralleta': 'azul
marino', 'rifle de asalto': 'amarillo', 'revólver': 'negro'}
```

```
imprimir (pistolas)
```

= REINICIAR: C: / Usuarios / computadoras saifia / Escritorio / strike game.py

{'rifle': 'verde', 'escopeta': 'azul', 'metralleta': 'azul marino', 'rifle de asalto': 'amarillo', 'revólver': 'negro'}

>>>

Accederé a un elemento de un par y lo mostraré en IDLE.

armas = {'rifle': 'verde', 'escopeta': 'azul', 'metralleta': 'azul marino', 'rifle de asalto': 'amarillo', 'revólver': 'negro'}

imprimir (pistolas ['rifle'])

imprimir (pistolas ['escopeta'])

imprimir (pistolas ['revólver'])

= REINICIAR: C: / Usuarios / computadoras saifia / Escritorio / strike game.py

verde

azul

negro

>>>

Existe un diccionario en Python en forma de pares clave-valor donde cada clave está vinculada al valor. Puede utilizar la clave para acceder al valor asociado con la clave. El valor puede ser un número entero, una lista o una cadena. También puede ser otro diccionario. Tienes que usar llaves para incluir un diccionario. Un par clave-valor está conectado entre sí. Cuando ingresa la clave, Python devolverá el valor asociado con la clave. Cada clave está separada del valor por dos puntos. Puede separar los pares clave-valor con la ayuda de comas. Un diccionario puede contener tantos pares como desee. En el siguiente ejemplo de código, elegiré un valor del diccionario y lo usaré para mostrar un mensaje para el jugador en tu juego.

```python
armas = {'rifle': 'verde', 'escopeta': 'azul', 'metralleta': 'azul marino', 'rifle de asalto': 'amarillo', 'revólver': 'negro'}
game_guns = guns ['rifle']
print ("Escogeré un rifle de" + game_guns + "color.")
= REINICIAR: C: / Usuarios / computadoras saifia / Escritorio / strike game.py
Escogeré un rifle de color verde.
>>>
```

Ahora agregaré más mensajes al código.

```python
armas = {'rifle': 'verde', 'escopeta': 'azul', 'metralleta': 'azul marino', 'rifle de asalto': 'amarillo', 'revólver': 'negro'}
game_guns = guns ['rifle']
print ("Escogeré un rifle de" + game_guns + "color.")

game_guns1 = guns ['escopeta']
print ("Escogeré una escopeta de" + game_guns1 + "color.")

game_guns2 = guns ['revolver']
print ("Escogeré un rifle de" + game_guns2 + "color.")
= REINICIAR: C: / Usuarios / computadoras saifia / Escritorio / strike game.py
```

Escogeré un rifle de color verde.

Escogeré una escopeta de color azul.

Escogeré un rifle de color negro.

>>>

A medida que avanza en el mundo de los diccionarios, puede agregar tantos pares clave-valor al diccionario como desee. Los diccionarios son muy dinámicos. Dan la bienvenida a tantos pares como puedas agregarles.

armas = {'rifle': 'verde', 'escopeta': 'azul', 'metralleta': 'azul marino', 'rifle de asalto': 'amarillo', 'revólver': 'negro'}
imprimir (pistolas)

pistolas ['bazooka'] = 'gris'
pistolas ['AK-47'] = 'marrón'

imprimir (pistolas)
= REINICIAR: C: / Usuarios / computadoras saifia / Escritorio / strike game.py
{'rifle': 'verde', 'escopeta': 'azul', 'metralleta': 'azul marino', 'rifle de asalto': 'amarillo', 'revólver': 'negro'}

{'rifle': 'verde', 'escopeta': 'azul', 'metralleta': 'azul marino', 'rifle de asalto': 'amarillo', 'revólver': 'negro', 'bazuca': 'gris ',' AK-47 ':' marrón '}

>>>

Con el mismo proceso, puede completar un diccionario vacío. Comenzaré con un diccionario vacío y lo llenaré con pares clave-valor.

```
armas = {}
imprimir (pistolas)


pistolas ['bazooka'] = 'gris'
pistolas ['AK-47'] = 'marrón'
armas ['rifle'] = 'verde'
armas ['escopeta'] = 'azul'
pistolas ['subfusil'] = 'azul marino'
armas ['rifle de asalto'] = 'amarillo'
pistolas ['revolver'] = 'negro'
imprimir (pistolas)
= REINICIAR: C: / Usuarios / computadoras saifia / Escritorio / strike game.py
{}
{'bazooka': 'gris', 'AK-47': 'marrón', 'rifle': 'verde', 'escopeta': 'azul', 'metralleta': 'azul marino', 'rifle de asalto': 'amarillo', 'revólver': 'negro'}
>>>
```

Modificar diccionarios

Puede modificar un determinado diccionario en un diccionario. Cambiaré el color de las armas que puede usar un jugador. Vea el siguiente ejemplo.

```
armas = {'rifle': 'verde', 'escopeta': 'azul', 'metralleta': 'azul
marino', 'rifle de asalto': 'amarillo', 'revólver': 'negro'}
print ("Escogeré un rifle de" + armas ['rifle'] + "color").


armas ['rifle'] = 'violeta'
print ("Ahora elegiré rifle de" + armas ['rifle'] + "color").
= REINICIAR: C: / Usuarios / computadoras saifia / Escritorio /
strike game.py
Escogeré rifle de color verde.
Ahora escogeré un rifle de color morado.
>>>
```

Eliminación de pares

Cuando haya terminado de usar un determinado par clave-valor, puede eliminarlo del diccionario mediante un método simple. La declaración del se utiliza para eliminar los pares. Solo debes completar el método del con el nombre del diccionario y la clave que debes eliminar.

```
armas = {'rifle': 'verde', 'escopeta': 'azul', 'metralleta': 'azul
marino', 'rifle de asalto': 'amarillo', 'revólver': 'negro'}
```

imprimir (pistolas)

del guns ['rifle']
imprimir (pistolas)

del guns ['escopeta']
imprimir (pistolas)

del guns ['metralleta']
imprimir (pistolas)

del guns ['rifle de asalto']
imprimir (pistolas)

del guns ['revolver']
imprimir (pistolas)

= REINICIAR: C: / Usuarios / computadoras saifia / Escritorio / strike game.py

{'rifle': 'verde', 'escopeta': 'azul', 'metralleta': 'azul marino', 'rifle de asalto': 'amarillo', 'revólver': 'negro'}

{'escopeta': 'azul', 'metralleta': 'azul marino', 'rifle de asalto': 'amarillo', 'revólver': 'negro'}

{'subfusil': 'azul marino', 'rifle de asalto': 'amarillo', 'revólver': 'negro'}

{'rifle de asalto': 'amarillo', 'revólver': 'negro'}

{'revolver': 'negro'}

{}

>>>

Debe tener en cuenta que la instrucción del elimina permanentemente un par del diccionario.

Bucle a través de diccionarios

Usaré el mismo diccionario que he creado para almacenar armas y sus colores. Construiré y ejecutaré un bucle a través de él.

armas = {'rifle': 'verde', 'escopeta': 'azul', 'metralleta': 'azul marino', 'rifle de asalto': 'amarillo', 'revólver': 'negro'}

imprimir (pistolas)

para pistola en armas:

   imprimir (pistola)

>>> = REINICIAR: C: / Usuarios / computadoras saifia / Escritorio / strike game.py

{'rifle': 'verde', 'escopeta': 'azul', 'metralleta': 'azul marino', 'rifle de asalto': 'amarillo', 'revólver': 'negro'}

rifle

escopeta

pistola ametralladora

fusil de asalto

revólver

>>>

En el siguiente fragmento de código, accederé a diferentes valores del diccionario y los usaré en el código.

```
armas = {'rifle': 'verde', 'escopeta': 'azul', 'metralleta': 'azul marino', 'rifle de asalto': 'amarillo', 'revólver': 'negro'}
imprimir (pistolas)


para clave, valor en guns.items ():
    print ("\ nKey:" + tecla)
    imprimir ("Valor:" + valor)
```

= REINICIAR: C: / Usuarios / computadoras saifia / Escritorio / strike game.py

{'rifle': 'verde', 'escopeta': 'azul', 'metralleta': 'azul marino', 'rifle de asalto': 'amarillo', 'revólver': 'negro'}

Clave: rifle
Valor: verde

Clave: escopeta
Valor: azul

Clave: metralleta

Valor: azul marino

Clave: rifle de asalto
Valor: amarillo

Clave: revólver
Valor: negro
>>>

A Python no le importa el orden en el que devuelve los pares clave-valor de un diccionario. Solo rastrea los pares y los imprime en el orden que considere adecuado. Usaré las claves y los valores en las mismas declaraciones de impresión para hacer que el código sea un poco complejo y útil. La creación de bucles a través de un diccionario funciona bien.

```
armas = {'rifle': 'verde', 'escopeta': 'azul', 'metralleta': 'azul marino', 'rifle de asalto': 'amarillo', 'revólver': 'negro'}
imprimir (pistolas)

para armas, colores en guns.items ():
    print ("Puedes coger el" + arms.title () + "para luchar contra el enemigo pero solo está disponible en" + colors.title () + ".")
= REINICIAR: C: / Usuarios / computadoras saifia / Escritorio / strike game.py
```

{'rifle': 'verde', 'escopeta': 'azul', 'metralleta': 'azul marino', 'rifle de asalto': 'amarillo', 'revólver': 'negro'}

Puedes coger el rifle para luchar contra el enemigo, pero solo está disponible en verde.

Puedes coger la escopeta para luchar contra el enemigo, pero solo está disponible en azul.

Puedes tomar la ametralladora para luchar contra el enemigo, pero solo está disponible en azul marino.

Puedes recoger el rifle de asalto para luchar contra el enemigo, pero solo está disponible en amarillo.

Puedes recoger el revólver para luchar contra el enemigo, pero solo está disponible en negro.

>>>

El código le dice a Python que cree un bucle y lo ejecute a través de cada par clave-valor del diccionario. A medida que el bucle sigue su curso a través de los pares, Python almacena las claves en la variable denominada armas y almacena los valores en la variable denominada colores. La práctica de crear nombres descriptivos le ayuda a escanear el código fácilmente cuando tiene que leerlo más tarde. No tengo que trabajar con los valores, puede cambiar el código para recorrer solo las teclas. Este es un método fácil y limpio para ver lo que tiene en las claves del diccionario.

armas = {'rifle': 'verde', 'escopeta': 'azul', 'metralleta': 'azul marino', 'rifle de asalto': 'amarillo', 'revólver': 'negro'}
imprimir (pistolas)

para armas en guns.keys ():

    print ("Puedes coger el" + arms.title () + "para luchar contra
el enemigo.")

= REINICIAR: C: / Usuarios / computadoras saifia / Escritorio /
strike game.py

{'rifle': 'verde', 'escopeta': 'azul', 'metralleta': 'azul marino', 'rifle
de asalto': 'amarillo', 'revólver': 'negro'}

Puedes coger el rifle para luchar contra el enemigo.

Puedes coger la escopeta para luchar contra el enemigo.

Puedes coger la ametralladora para luchar contra el enemigo.

Puedes recoger el rifle de asalto para luchar contra el enemigo.

Puedes recoger el revólver para luchar contra el enemigo.

>>>

Del mismo modo, puede extraer todos los valores del diccionario y
usarlos solos si lo desea.

armas = {'rifle': 'verde', 'escopeta': 'azul', 'metralleta': 'azul
marino', 'rifle de asalto': 'amarillo', 'revólver': 'negro'}

imprimir (pistolas)

para colores en guns.values ():

    print ("Esta pistola solo está disponible en" + colors.title () +
".")

= REINICIAR: C: / Usuarios / computadoras saifia / Escritorio / strike game.py

{'rifle': 'verde', 'escopeta': 'azul', 'metralleta': 'azul marino', 'rifle de asalto': 'amarillo', 'revólver': 'negro'}

Esta pistola solo está disponible en verde.

Esta pistola solo está disponible en azul.

Esta pistola solo está disponible en azul marino.

Esta pistola solo está disponible en amarillo.

Esta pistola solo está disponible en negro.

>>>

También puede tener la opción de acceder a cualquier valor asociado con una clave en particular. Luego puedes meterlo en un bucle y usarlo. Luego, puede imprimir un mensaje para mostrárselo al reproductor. Ahora recorreré elementos particulares en un diccionario.

Bucle de diccionario

Un diccionario mantiene una conexión adecuada entre el valor y las claves de los elementos del diccionario. Como ya se mencionó, Python no se preocupa por el orden de los diccionarios cuando los devuelve. Entonces, tienes que hacer algo para ordenar el orden. Un método para devolver los artículos es utilizar la función ordenada. Puede agregar esta función al código para ajustar el orden.

armas = {'rifle': 'verde', 'escopeta': 'azul', 'metralleta': 'azul marino', 'rifle de asalto': 'amarillo', 'revólver': 'negro'} para armas clasificadas (guns.keys ()):

   print ("Puedes usar el" + arms.title () + "para pelear la batalla.")

= REINICIAR: C: / Usuarios / computadoras saifia / Escritorio / strike game.py

Puedes usar el rifle de asalto para pelear la batalla.

Puedes usar el revólver para pelear la batalla.

Puedes usar el rifle para pelear la batalla.

Puedes usar la escopeta para pelear la batalla.

Puedes usar la ametralladora para pelear la batalla.

>>>

Ahora usaré el método sorted () para ordenar los valores del diccionario.

armas = {'rifle': 'verde', 'escopeta': 'azul', 'metralleta': 'azul marino', 'rifle de asalto': 'amarillo', 'revólver': 'negro'}

para colores ordenados (guns.values ()):

   print ("Tu arma es de" + colors.title () + "color.")

= REINICIAR: C: / Usuarios / computadoras saifia / Escritorio / strike game.py

Tu arma es de color negro.

Tu arma es de color azul.

Tu arma es de color verde.

Tu arma es de color azul marino.

Tu arma es de color amarillo.

>>>

Puede haber un diccionario que tenga valores repetitivos. El método sorted () no se preocupa por las repeticiones. Puede desalentar esta práctica agregando la función set () al código. Un conjunto exige que cada valor del código sea único.

Hay dos armas de color azul en el código, pero Python solo devolverá un color único. Vea el siguiente ejemplo.

armas = {'rifle': 'azul', 'escopeta': 'azul', 'metralleta': 'azul marino', 'rifle de asalto': 'amarillo', 'revólver': 'negro'}

print ("El reproductor está usando los siguientes colores.")

para colores en conjunto (guns.values ()):
    print ("Tu arma es de" + colors.title () + "color.")

= REINICIAR: C: / Usuarios / computadoras saifia / Escritorio / strike game.py

El jugador está usando los siguientes colores.

Tu arma es de color negro.

Tu arma es de color azul.

Tu arma es de color azul marino.

Tu arma es de color amarillo.

>>>

Diccionario anidado

Puede llegar un momento en el que desee crear una lista de diccionarios. Esto requiere que empaque varios diccionarios en una lista. El proceso de empaquetar diferentes diccionarios dentro de una lista se llama anidamiento. El anidamiento es un poder que le permite empaquetar un diccionario dentro de otro diccionario.

```
armas = {'rifle': 'azul', 'escopeta': 'azul'}

guns1 = {'subfusil': 'azul marino', 'rifle de asalto': 'amarillo'}

guns2 = {'revolver': 'negro', 'bazooka': 'blanco'}


game_guns = [armas, armas1, armas2]


para game_gun en game_guns:
    imprimir (game_gun)
```

>>> = REINICIAR: C: / Usuarios / computadoras saifia / Escritorio / strike game.py

{'rifle': 'azul', 'escopeta': 'azul'}

{'subfusil': 'azul marino', 'rifle de asalto': 'amarillo'}

{'revólver': 'negro', 'bazooka': 'blanco'}

>>>

Esto muestra lo fácil que es anidar varios diccionarios en una lista. Vea otro ejemplo práctico.

```
game_guns = []


para game_guns1 en el rango (10):
    armas = {'rifle': 'azul', 'escopeta': 'azul', 'metralleta': 'azul marino', 'rifle de asalto': 'amarillo', 'revólver': 'negro', 'bazooka': 'blanco'}
    game_guns.append (armas)


para game_gun en game_guns [: 6]:
    imprimir (game_gun)
```

= REINICIAR: C: / Usuarios / computadoras saifia / Escritorio / strike game.py

```
{'rifle': 'azul', 'escopeta': 'azul', 'metralleta': 'azul marino', 'rifle de asalto': 'amarillo', 'revólver': 'negro', 'bazooka': 'blanco '}
{'rifle': 'azul', 'escopeta': 'azul', 'metralleta': 'azul marino', 'rifle de asalto': 'amarillo', 'revólver': 'negro', 'bazooka': 'blanco '}
{'rifle': 'azul', 'escopeta': 'azul', 'metralleta': 'azul marino', 'rifle de asalto': 'amarillo', 'revólver': 'negro', 'bazooka': 'blanco '}
{'rifle': 'azul', 'escopeta': 'azul', 'metralleta': 'azul marino', 'rifle de asalto': 'amarillo', 'revólver': 'negro', 'bazooka': 'blanco '}
```

{'rifle': 'azul', 'escopeta': 'azul', 'metralleta': 'azul marino', 'rifle de asalto': 'amarillo', 'revólver': 'negro', 'bazooka': 'blanco '}

{'rifle': 'azul', 'escopeta': 'azul', 'metralleta': 'azul marino', 'rifle de asalto': 'amarillo', 'revólver': 'negro', 'bazooka': 'blanco '}

>>>

La función range () devolverá números que le dicen a Python cuántas veces desea repetir el ciclo. Cada vez que se ejecute el bucle, podrá crear una nueva arma.

```
game_guns = []


para game_guns1 en el rango (0, 10):
    armas = {'rifle': 'azul', 'escopeta': 'azul', 'metralleta': 'azul marino', 'rifle de asalto': 'amarillo', 'revólver': 'negro', 'bazooka': 'blanco'}
    game_guns.append (armas)


para game_gun en game_guns [0: 4]:
    if game_gun ['bazooka'] == 'blanco':
        game_gun ['AK-47'] = 'marrón'
        game_gun ['lanzacohetes'] = 'naranja'


para game_gun en game_guns [: 6]:
    imprimir (game_gun)
```

= REINICIAR: C: / Usuarios / computadoras saifia / Escritorio / strike game.py

{'rifle': 'azul', 'escopeta': 'azul', 'metralleta': 'azul marino', 'rifle de asalto': 'amarillo', 'revólver': 'negro', 'bazooka': 'blanco ',' AK-47 ':' marrón ',' lanzacohetes ':' naranja '}

{'rifle': 'azul', 'escopeta': 'azul', 'metralleta': 'azul marino', 'rifle de asalto': 'amarillo', 'revólver': 'negro', 'bazooka': 'blanco ',' AK-47 ':' marrón ',' lanzacohetes ':' naranja '}

{'rifle': 'azul', 'escopeta': 'azul', 'metralleta': 'azul marino', 'rifle de asalto': 'amarillo', 'revólver': 'negro', 'bazooka': 'blanco ',' AK-47 ':' marrón ',' lanzacohetes ':' naranja '}

{'rifle': 'azul', 'escopeta': 'azul', 'metralleta': 'azul marino', 'rifle de asalto': 'amarillo', 'revólver': 'negro', 'bazooka': 'blanco ',' AK-47 ':' marrón ',' lanzacohetes ':' naranja '}

{'rifle': 'azul', 'escopeta': 'azul', 'metralleta': 'azul marino', 'rifle de asalto': 'amarillo', 'revólver': 'negro', 'bazooka': 'blanco '}

{'rifle': 'azul', 'escopeta': 'azul', 'metralleta': 'azul marino', 'rifle de asalto': 'amarillo', 'revólver': 'negro', 'bazooka': 'blanco '}

>>>

Ahora agregaré un bloque elif que cambia el color de las armas. El código aparecerá como el siguiente cuando agregue el bloque elif al mismo.

game_guns = []

para game_guns1 en el rango (0, 10):

```
armas = {'rifle': 'azul', 'escopeta': 'azul', 'metralleta': 'azul
marino', 'rifle de asalto': 'amarillo', 'revólver': 'negro', 'bazooka':
'blanco'}
game_guns.append (armas)


para game_gun en game_guns [0: 4]:
    if game_gun ['bazooka'] == 'blanco':
        game_gun ['AK-47'] = 'marrón'
        game_gun ['lanzacohetes'] = 'naranja'
    elif game_gun ['bazooka'] == 'negro':
        game_gun ['AK-47'] = 'dorado'
        game_gun ['lanzacohetes'] = 'azul'


para game_gun en game_guns [: 6]:
    imprimir (game_gun)
```

Hasta ahora, ha visto cómo se puede insertar un diccionario en una lista. Ahora puede ver por qué es útil insertar una lista en un diccionario. Es más fácil.

```
game_guns = {'rifle': 'blue', 'arsenals': ['escopeta', 'metralleta',
'rifle de asalto', 'revólver', 'bazooka'],}


print ("Has cargado un rifle de color" + game_guns ['rifle'] + ".
Aquí está la lista de los elementos del arsenal:")
```

para el arsenal en game_guns ['arsenals']:

    print ("Esta es el arma que puedes usar:" + arsenal)

= REINICIAR: C: / Usuarios / computadoras saifia / Escritorio / strike game.py

Has cargado un rifle de color azul. Aquí está la lista de los elementos del arsenal:

Esta es el arma que puedes usar: escopeta

Esta es el arma que puedes usar: metralleta

Esta es el arma que puedes usar: rifle de asalto

Esta es el arma que puedes usar: revólver

Esta es el arma que puedes usar: bazooka

>>>

Puede crear una lista y anidarla dentro de un diccionario si desea vincular más de un valor a una sola clave.

game_guns = {'rifle': ['azul', 'amarillo'], 'escopeta': ['azul', 'violeta'], 'metralleta': ['blanco', 'verde'], 'rifle de asalto' : ['dorado', 'rojo'], 'revólver': ['verde mar', 'gris'],}

para armas, colores en game_guns.items ():
    print ("Has cargado el" + guns.title () + "del siguiente color:")
    para colorear en colores:
        print ("\ t" + color.title ())

= REINICIAR: C: / Usuarios / computadoras saifia /

Escritorio / strike game.py

Has cargado el rifle del siguiente color:

Azul

Amarillo

Has cargado la escopeta del siguiente color:

Azul

Púrpura

Has cargado la metralleta del siguiente color:

Blanco

Verde

Has cargado el rifle de asalto del siguiente color:

dorado

rojo

Has cargado el revólver del siguiente color:

Mar verde

Gris

>>>

Puede ver que Python ha vinculado diferentes colores a cada clave en el diccionario. Ahora el jugador tiene más de una opción en cuanto a colores. He utilizado las variables de pistolas y colores para almacenar el nombre de las pistolas y los tipos de colores que tenían. Si desea refinar más este programa, puede agregar una instrucción if al comienzo del ciclo for en el diccionario para ver si cada arma está disponible en más de un color.

También puede anidar un diccionario dentro de otro diccionario.

game_guns = {'arsenal': {'rifle': 'azul', 'escopeta': 'azul'}, 'arsenal2': {'subfusil': 'blanco', 'rifle de asalto': 'dorado', 'revólver ': 'Mar verde'}, }

Así es como se escribe el código y se desarrolla un programa.

Capítulo Cinco

Bucles de Python

Los bucles de Python juegan un papel clave en los programas orientados al usuario. La mayoría de los programas en Python están escritos para resolver el problema de un usuario final. Para hacer eso de manera efectiva, debe obtener información útil del usuario. Si alguien quiere saber si es elegible para jugar un juego, verá un mensaje que le pedirá que complete el programa con su edad. Una función input () simple puede ayudarlo a escribir un programa que exija que el usuario ingrese su edad. También explicaré cómo puede mantener el programa en ejecución con la ayuda de bucles.

La función input () detiene el programa y luego espera a que el siguiente usuario ingrese su edad. Python recibirá la entrada y la almacenará igual que una variable. Vea el siguiente ejemplo.

p_message = input ("Este programa repetirá lo que ingreses:")

imprimir (p_message)

>>> = REINICIAR: C: / Usuarios / computadoras saifia / Escritorio / strike game.py

Este programa repetirá lo que ingreses: Soy un estudiante de Python.

Soy un estudiante de Python.

>>>

La entrada toma un argumento en el indicador. Cuando los usuarios ven el mensaje, pueden completar el programa con la entrada. El programa esperará hasta que el usuario ingrese su respuesta. Luego pasa al siguiente usuario. Puede escribir un mensaje claro. Cada vez que use una función input (), el programa terminará.

p_message = input ("¡Bienvenido al juego! Quiero que ingreses tu nombre:")

print ("Hola" + p_message + ", te deseo una excelente sesión de juego")

= REINICIAR: C: / Usuarios / computadoras saifia / Escritorio / strike game.py

¡Bienvenidos al juego! Quiero que ingreses tu nombre: John

Hola John, te deseo una brillante sesión de juego.

>>>

= REINICIAR: C: / Usuarios / computadoras saifia / Escritorio / strike game.py

¡Bienvenidos al juego! Quiero que ingreses tu nombre: Jasmine

Hola Jasmine, te deseo una brillante sesión de juego.

>>>

Un mensaje puede tener más de una línea. Puede agregar tantas líneas al programa. Podrá almacenar el indicador dentro de una variable y luego pasar la variable a la función input (). En el siguiente ejemplo, intentaré escribir una declaración input () limpia.

p_message = input ("¡Bienvenido al juego! Espero que Wil sobresalga en el campo de batalla.")

p_message + = "\ n¿Quiero que ingrese su nombre?"

nombre de usuario = entrada (p_message)

print ("Hola" + p_message + ", te deseo una excelente sesión de juego")

= REINICIAR: C: / Usuarios / computadoras saifia / Escritorio / strike game.py

¡Bienvenidos al juego! Espero que se destaque en el campo de batalla.

Quiero que ingreses tu nombre? John

Hola

Quiero que ingreses tu nombre? , Les deseo una brillante sesión de juego.

>>>

Los bucles while

El bucle for acepta una lista de elementos y luego ejecuta un determinado bloque de código una vez para cada elemento de la colección. Por otro lado, el bucle while seguirá ejecutándose mientras se cumpla cierta condición.

Un rato hace cosas asombrosas. Puede usarlo para funciones matemáticas. Puede contar números configurando el rango. El ciclo se ejecutará hasta el último número.

```
the_present_number = 10
while the_present_number <= 25:
    imprimir (the_present_number)
    the_present_number + = 1
= REINICIAR: C: / Usuarios / computadoras saifia / Escritorio / strike game.py
10
11
12
13
14
15
dieciséis
17
18
19
20
21
22
23
```

24

25

>>>

Vea otro ejemplo en el que he establecido la diferencia en 3.

```
the_present_number = 10
while the_present_number <= 60:
    imprimir (the_present_number)
    the_present_number + = 3
= REINICIAR: C: / Usuarios / computadoras saifia / Escritorio /
strike game.py
10
13
dieciséis
19
22
25
28
31
34
37
40
43
46
```

49

52

55

58

>>>

Python mantuvo los bucles en funcionamiento hasta que las condiciones que había configurado se cumplieron. Una vez que las condiciones se volvieron falsas, el ciclo se detuvo de inmediato. Un juego necesita un bucle while para seguir funcionando. Cuando el usuario presiona el botón de salida, esto le dice a Python while loop que la condición se ha vuelto falsa. El juego deja de ejecutarse y el usuario lo sale. Esto puede ayudar a explicar la importancia de los bucles while.

Si agrego un ciclo while a la función input (), le dirá a Python cuándo salir. Definiré un valor de salida específico que ejecutará el programa siempre que el usuario no introduzca el valor de salida.

```
p_message = input ("¡Bienvenido al juego! Espero que
sobresalgas en el campo de batalla. Quiero que ingreses tu
nombre").
p_message + = "\ nSi quieres salir del juego, puedes ingresar
'salir'"

p_message1 = ""
while p_message1 ! = 'salir':
```

p_message1 = entrada (p_message)

imprimir (p_message)

= REINICIAR: C: / Usuarios / computadoras saifia / Escritorio / strike game.py

¡Bienvenidos al juego! Espero que sobresalgas en el campo de batalla. Quiero que ingreses tu nombre. John

John

Si quieres salir del juego, puedes ingresar 'salir' salir

John

Si quieres salir del juego, puedes ingresar 'salir'

>>>

Lo siguiente no imprime la palabra "salir". Agregaré una declaración if al código para hacerlo más limpio y efectivo.

p_message = input ("¡Bienvenido al juego! Espero que sobresalgas en el campo de batalla. Quiero que ingreses tu nombre").

p_message + = "\ nSi quieres salir del juego, puedes ingresar 'salir'"

p_message1 = ""

while p_message1 ! = 'salir':

    p_message1 = entrada (p_message)

    if p_message1 ! = 'salir':

imprimir (p_message)

= REINICIAR: C: / Usuarios / computadoras saifia / Escritorio / strike game.py

¡Bienvenidos al juego! Espero que sobresalgas en el campo de batalla. Quiero que ingreses tu nombre. John

John

Si quieres salir del juego, puedes ingresar 'salir' salir

>>>

El programa que hemos desarrollado deja de ejecutarse después de un tiempo. Es frustrante reiniciarlo cada vez que quiera usarlo. Una pequeña enmienda en el programa lo solucionará. Ahora agregaré una declaración else al programa para hacerlo más limpio.

```
p_message = input ("¡Bienvenido al juego! Espero que
sobresalgas en el campo de batalla. Quiero que ingreses tu
nombre").

p_message + = "\ nSi quieres salir del juego, puedes ingresar
'q'"

activo = Verdadero
mientras está activo:
    p_message1 = entrada (p_message)

    si p_message1 == 'q':
        active = Falso
    más:
```

    imprimir (p_message)

>>> = REINICIAR: C: / Usuarios / computadoras saifia /
Escritorio / strike game.py

¡Bienvenidos al juego! Espero que sobresalgas en el campo de
batalla. Quiero que ingreses tu nombre. John

John

Si quieres salir del juego, puedes ingresar 'q' e

John

Si quieres salir del juego, puedes ingresar 'q'

John

Si quieres salir del juego, puedes ingresar 'q' w

John

Si quieres salir del juego, puedes ingresar 'q'

John

Si quieres salir del juego, puedes ingresar 'q' t

John

Si quieres salir del juego, puedes ingresar 'q'

John

Si quieres salir del juego, puedes ingresar 'q' y

John

Si quieres salir del juego, puedes ingresar 'q'

John

Si quieres salir del juego, puedes ingresar 'q' q

>>>

Puede ver que el ciclo while sigue ejecutándose hasta que la condición se cumple. Ingresé diferentes palabras y Python mientras el ciclo continuaba. Se detuvo solo cuando ingresé 'q'.

Usar Break para salir del bucle

Si desea salir del ciclo while sin ejecutar el resto del código dentro del ciclo, puede usar la instrucción *break* . La sentencia break canaliza el flujo de un programa y lo usa para controlar qué líneas del código deben ejecutarse y cuáles no. El programa solo ejecuta el código cuando lo desea. Tomemos el ejemplo del programa que pregunta a diferentes usuarios sobre ciertos lugares que han visitado.

p_message = input ("¡Bienvenido al juego! Espero que sobresalgas en el campo de batalla. Quiero que ingreses tu nombre").

p_message + = "\ nSi quieres salir del juego, puedes ingresar 'q'"

mientras es cierto:

    p_message1 = entrada (p_message)

    si p_message1 == 'q':

      romper

    más:

      imprimir (p_message)

= REINICIAR: C: / Usuarios / computadoras saifia / Escritorio / strike game.py

¡Bienvenidos al juego! Espero que sobresalgas en el campo de batalla. Quiero que ingreses tu nombre. John

John

Si quieres salir del juego, puedes ingresar 'q' q

>>>

El siguiente ejemplo mostrará cómo el ciclo while se sigue ejecutando hasta que ingrese la palabra clave q para salir del ciclo.

p_message = "\ n¡Bienvenido al juego! Espero que sobresalgas en el campo de batalla. Quiero que ingreses tu nombre:"

p_message + = "\ n (Si quieres salir del juego, puedes ingresar 'q')"

mientras es cierto:

   p_message1 = entrada (p_message)

   si p_message1 == 'q':

      romper

   más:

      print ("Bienvenido al juego," + p_message1.title () + ". Espero que ganes el juego.")

= REINICIAR: C: / Usuarios / computadoras saifia / Escritorio / strike game.py

¡Bienvenidos al juego! Espero que sobresalgas en el campo de batalla. Quiero que ingreses tu nombre:

(Si quieres salir del juego, puedes ingresar 'q') John

Bienvenido al juego, John. Espero que ganes el juego.

¡Bienvenidos al juego! Espero que sobresalgas en el campo de batalla. Quiero que ingreses tu nombre:

(Si quieres salir del juego, puedes ingresar 'q') Jasmine

Bienvenido al juego, Jasmine. Espero que ganes el juego.

¡Bienvenidos al juego! Espero que sobresalgas en el campo de batalla. Quiero que ingreses tu nombre:

(Si quieres salir del juego, puedes ingresar 'q') Jack

Bienvenido al juego, Jack. Espero que ganes el juego.

¡Bienvenidos al juego! Espero que sobresalgas en el campo de batalla. Quiero que ingreses tu nombre:

(Si quieres salir del juego, puedes ingresar 'q') Marcar

Bienvenido al juego, Mark. Espero que ganes el juego.

¡Bienvenidos al juego! Espero que sobresalgas en el campo de batalla. Quiero que ingreses tu nombre:

(Si quieres salir del juego, puedes ingresar 'q') Joseph

Bienvenido al juego, Joseph. Espero que ganes el juego.

¡Bienvenidos al juego! Espero que sobresalgas en el campo de batalla. Quiero que ingreses tu nombre:

(Si quieres salir del juego, puedes ingresar 'q') q

>>>

El ciclo comienza con las palabras clave blancas True. Seguirá funcionando incluso si lo carga con un millón de elementos. Seguirá exigiendo el nombre del jugador y mostrando el mensaje. Cuando el usuario ingrese 'q', el ciclo llegará a su final.

La declaración de continuar

En lugar de salir del bucle sin la ejecución del resto del código, puede implementar la instrucción continue para volver al comienzo del bucle después de realizar la prueba condicional. Vea el siguiente ejemplo.

c_number = 50

mientras que c_number <200:

  c_number + = 3

  si c_number% 2 == 0:

    Seguir

    imprimir (c_number)

= REINICIAR: C: / Usuarios / computadoras saifia / Escritorio / strike game.py

53

59

sesenta y cinco

71

77

83

89

95

101

107

113

119

125

131

137

143

149

155

161

167

173

179

185

191

197

\>\>\>

bucles while y listas

Ya ha visto anteriormente en el libro el uso de bucles for dentro de las listas de Python, pero no necesita modificar una lista dentro del bucle for porque a Python le resultará problemático realizar un seguimiento de los diferentes elementos de la lista. Mientras continúa trabajando en la lista, puede usar un ciclo while. El uso de bucles while en diccionarios y listas le permite organizar la entrada. Puede utilizar el ciclo while para mover los elementos de una lista a otra lista. El ciclo while de Python seleccionará elementos de una lista y completará la otra.

```
game_guns = ['rifle', 'escopeta', 'metralleta', 'rifle de asalto',
'revólver', 'bazooka']
armas_vacías = []


mientras que game_guns:
    c_guns = game_guns.pop ()


    print ("La pistola que estás usando ahora mismo:" +
c_guns.title ())
    armas_vacías.append (armas_c)
```

```
print ("\ nSe han utilizado las siguientes armas:")
para empty_gun en empty_guns:
    imprimir (pistola_vacia.titulo ())
```

= REINICIAR: C: / Usuarios / computadoras saifia / Escritorio / strike game.py

El arma que estás usando ahora mismo: Bazooka

Se han utilizado las siguientes armas:

Bazuca

El arma que estás usando ahora mismo: Revólver

Se han utilizado las siguientes armas:

Bazuca

Revólver

El arma que estás usando en este momento: rifle de asalto

Se han utilizado las siguientes armas:

Bazuca

Revólver

Fusil de asalto

El arma que estás usando ahora mismo: Subfusil

Se han utilizado las siguientes armas:

Bazuca

Revólver

Fusil de asalto

Pistola ametralladora

El arma que estás usando ahora mismo: escopeta

Se han utilizado las siguientes armas:

Bazuca

Revólver

Fusil de asalto

Pistola ametralladora

Escopeta

El arma que estás usando ahora mismo: Rifle

Se han utilizado las siguientes armas:

Bazuca

Revólver

Fusil de asalto

Pistola ametralladora

Escopeta

Rifle

>>>

Eliminar instancias

Si tiene una lista que tiene varias instancias del mismo valor, puede usar la función remove () para eliminar las instancias.

game_guns = ['rifle', 'escopeta', 'rifle', 'metralleta', 'rifle de asalto', 'rifle', 'revólver', 'rifle', 'bazooka']

imprimir (game_guns)

while 'rifle' en game_guns:

    game_guns.remove ('rifle')

imprimir (game_guns)

= REINICIAR: C: / Usuarios / computadoras saifia / Escritorio / strike game.py

['rifle', 'escopeta', 'rifle', 'metralleta', 'rifle de asalto', 'rifle', 'revólver', 'rifle', 'bazooka']

['escopeta', 'metralleta', 'rifle de asalto', 'revólver', 'bazuca']

>>>

Puede tomar un diccionario vacío y llenarlo con la entrada del usuario con la ayuda de un ciclo while. Guardaré el nombre de la pistola en el diccionario vacío y el color de la pistola en el siguiente ejemplo.

gaming_guns = {}

gaming_active = Verdadero

```python
while gaming_active:
    gun = input ("\ n¿Cómo se llama tu arma?")
    gaming_gun = input ("¿Qué color quieres elegir para el
arma?")


    gaming_guns [pistola] = gaming_gun


    repetir = entrada ("¿Dejarías que el jugador elija otra arma?
(sí / no)")
    si repetir == 'no':
        gaming_active = Falso


print ("\ n ---- Detalles de la pistola ----")
para pistola, gaming_gun en gaming_guns.items ():
    print ("Me gustaría usar" + gun + "en el color" + gaming_gun
+ ".")


= REINICIAR: C: / Usuarios / computadoras saifia / Escritorio /
strike game.py


¿Cuál es el nombre de tu arma? escopeta
¿Qué color quieres elegir para la pistola? Verde
¿Dejarías que el jugador eligiera otra arma? (si / no) si
```

¿Cuál es el nombre de tu arma? rifle

¿Qué color quieres elegir para la pistola? Amarillo

¿Dejarías que el jugador eligiera otra arma? (si / no) si

¿Cuál es el nombre de tu arma? bazuca

¿Qué color quieres elegir para la pistola? Negro

¿Dejarías que el jugador eligiera otra arma? (si / no) si

¿Cuál es el nombre de tu arma? lanzacohetes

¿Qué color quieres elegir para la pistola? Gris

¿Dejarías que el jugador eligiera otra arma? (si / no) si

¿Cuál es el nombre de tu arma? revólver

¿Qué color quieres elegir para la pistola? Plateado

¿Dejarías que el jugador eligiera otra arma? (si / no) si

¿Cuál es el nombre de tu arma? Ak-47

¿Qué color quieres elegir para la pistola? Marrón

¿Dejarías que el jugador eligiera otra arma? (si / no) si

¿Cuál es el nombre de tu arma? Ametralladora

¿Qué color quieres elegir para la pistola? Rojo

¿Dejarías que el jugador eligiera otra arma? (si / no) no

---- Detalles de la pistola ----

Me gustaría usar escopeta de color verde.

Me gustaría usar un rifle de color amarillo.

Me gustaría usar bazooka en color negro.

Me gustaría usar un lanzacohetes en color gris.

Me gustaría usar un revólver en color plateado.

Me gustaría usar Ak-47 en color marrón.

Me gustaría usar una ametralladora en color rojo.

>>>

Capítulo Seis

Funciones

Este capítulo lo guiará a través de las técnicas de escritura de funciones. Las funciones son ciertos bloques de código que están diseñados específicamente para realizar un trabajo específico. Cuando espera realizar un trabajo en repetición, puede llamar al nombre de la función y el trabajo estará terminado. Si desea realizar el trabajo varias veces, también puede hacerlo. Solo tiene que llamar a la función y el programa será más fácil de leer, escribir y corregir.

Este capítulo explicará cómo puede pasar información a diferentes funciones y usarlas en sus programas. También explicaré cómo puede almacenar diferentes tipos de información en los módulos de Python para organizar los archivos principales de su programa.

Definición

El siguiente es un ejemplo de cómo definir una función.

```
def armas_juegos ():
    print ("Hola, puedes usar la siguiente pistola:")


pistolas_juegos ()
```

= REINICIAR: C: / Usuarios / computadoras saifia / Escritorio / strike game.py

Hola, puedes usar la siguiente arma:

>>>

Esta es la forma más simple de una función de Python. He definido el nombre de la función. luego agregué una declaración impresa para mostrar un mensaje. La función en el ejemplo anterior está vacía, ya que puede ver que los paréntesis están vacíos. En el siguiente ejemplo, pasaré un dato a una función. En el siguiente ejemplo, modificaré la función pasando información. Agregar funciones a su juego puede hacerlo interactivo y divertido de jugar. Los usuarios pueden tener la flexibilidad de navegar por el juego según su elección.

```
def gaming_guns (pistolas):
    print ("Hola, puedes usar la siguiente arma:" + armas + ".")


gaming_guns ('rifle')
gaming_guns ('ametralladora')
gaming_guns ('revólver')
```

= REINICIAR: C: / Usuarios / computadoras saifia / Escritorio / strike game.py

Hola, puedes usar la siguiente arma: rifle.

Hola, puedes usar la siguiente arma: ametralladora.

Hola, puedes usar la siguiente arma: revólver.

>>>

Una función tiene ciertos argumentos y parámetros. Una vez que hayamos llamado a la función y la completemos con la información requerida, veremos la información impresa en el intérprete. En el juego, el usuario verá lo mismo en la pantalla. Los paréntesis en la definición de una función llevan los parámetros. En este código, las armas son el parámetro. La información que ingresé en las últimas líneas de código cuando llamé al nombre de la función se llama argumentos. Puede completar la función con tantos argumentos como desee.

Argumentos

Tienes que pasar los argumentos a una función. Si la función tiene varios parámetros, también tendrá varios argumentos. Puede pasar ciertos argumentos a funciones de varias formas. También puede utilizar argumentos posicionales que deben estar en el mismo orden que el de los parámetros o los resultados pueden ser divertidos y frustrantes. Cuando realiza una llamada a una función, Python debe hacer coincidir cada argumento con el parámetro. Los valores que coinciden de esta manera se conocen como argumentos posicionales.

```
def gaming_guns (armas, colores):
    print ("\ nHola, puedes usar la siguiente pistola:" + armas + ".")
    print ("Está disponible en" + colores + "color".)


gaming_guns ('rifle', 'azul')
```

gaming_guns ('ametralladora', 'amarillo')

gaming_guns ('revólver', 'plateado')

gaming_guns ('AK-47', 'marrón')

gaming_guns ('bazooka', 'negro')

= REINICIAR: C: / Usuarios / computadoras saifia / Escritorio / strike game.py

Hola, puedes usar la siguiente arma: rifle.

Está disponible en color azul.

Hola, puedes usar la siguiente arma: ametralladora.

Está disponible en color amarillo.

Hola, puedes usar la siguiente arma: revólver.

Está disponible en color plateado.

Hola, puedes usar la siguiente arma: AK-47.

Está disponible en color marrón.

Hola, puedes usar la siguiente arma: bazooka.

Está disponible en color negro.

>>>

El nombre de la pistola se almacena en las armas variables, mientras que el color de la pistola se almacena en los colores variables. Llamar a la función varias veces es el estilo más eficiente para trabajar. Siempre que quiera describir un arma, puede hacer la llamada y completarla con los argumentos correctos. Puede empaquetar la función con tantos argumentos como pueda. Los argumentos posicionales son especiales en el sentido de que debe mantener el orden de los argumentos. Si cambia el orden de los argumentos, obtendrá resultados divertidos.

```python
def gaming_guns (armas, colores):
    print ("\ nHola, puedes usar la siguiente arma:" + armas + ".")
    print ("Está disponible en" + colores + "color".)


gaming_guns ('rifle', 'azul')
gaming_guns ('ametralladora', 'amarillo')
gaming_guns ('plateado', 'revólver')
gaming_guns ('marrón', 'AK-47')
gaming_guns ('negro', 'bazooka')


= REINICIAR: C: / Usuarios / computadoras saifia / Escritorio / strike game.py


Hola, puedes usar la siguiente arma: rifle.
Está disponible en color azul.


Hola, puedes usar la siguiente arma: ametralladora.
```

Está disponible en color amarillo.

Hola, puedes usar la siguiente arma: plateada.

Está disponible en color revólver.

Hola, puedes usar la siguiente pistola: marrón.

Está disponible en color AK-47.

Hola, puedes usar la siguiente pistola: negra.

Está disponible en color bazooka.

>>>

Otro tipo de argumentos se conoce como argumentos de palabras clave. El argumento de la palabra clave tiene la forma de pares nombre-valor. Puede asociar el nombre con el valor del par. Cuando pasa argumentos de palabras clave a una función, no habrá confusión. Los argumentos de palabras clave lo liberarán de la preocupación de ordenar los argumentos mientras realiza la llamada a la función. No habrá resultados divertidos.

```
def gaming_guns (armas, colores):
    print ("\ nHola, puedes usar la siguiente arma:" + armas + ".")
    print ("Está disponible en" + colores + "color".)


gaming_guns (armas = 'rifle', colores = 'azul')
gaming_guns ('ametralladora', colores = 'amarillo')
```

gaming_guns (colores = 'plateado', armas = 'revólver')

gaming_guns (colores = 'marrón', pistolas = 'AK-47')

gaming_guns (colores = 'negro', armas = 'bazooka')

= REINICIAR: C: / Usuarios / computadoras saifia / Escritorio / strike game.py

Hola, puedes usar la siguiente arma: rifle.

Está disponible en color azul.

Hola, puedes usar la siguiente arma: ametralladora.

Está disponible en color amarillo.

Hola, puedes usar la siguiente arma: revólver.

Está disponible en color plateado.

Hola, puedes usar la siguiente arma: AK-47.

Está disponible en color marrón.

Hola, puedes usar la siguiente arma: bazooka.

Está disponible en color negro.

>>>

Puede ver que el mismo código ha mostrado resultados diferentes cuando agregamos argumentos de palabras clave al mismo. Ahora, el orden de los argumentos es lo que menos importa, ya que Python sabe dónde enviar cada argumento.

Mensaje de error

Es posible que vea un mensaje de error en su pantalla si no completa la función con los nombres correctos. Un simple error de ortografía puede provocar un error.

```
def gaming_guns (armas, colores):
    print ("\ nHola, puedes usar la siguiente arma:" + armas + ".")
    print ("Está disponible en" + colores + "color".)


gaming_guns (armas = 'rifle', colores = 'azul')
gaming_guns ('ametralladora', colores = 'amarillo')
gaming_guns (colores = 'plateado', armas = 'revólver')
gaming_guns (colores = 'marrón', pistolas = 'AK-47')
gaming_guns (color = 'negro', pistola = 'bazooka')
```

= REINICIAR: C: / Usuarios / computadoras saifia / Escritorio / strike game.py

Hola, puedes usar la siguiente arma: rifle.
Está disponible en color azul.

Hola, puedes usar la siguiente arma: ametralladora.

Está disponible en color amarillo.

Hola, puedes usar la siguiente arma: revólver.

Está disponible en color plateado.

Hola, puedes usar la siguiente arma: AK-47.

Está disponible en color marrón.

Rastreo (llamadas recientes más última):

  Archivo "C: / Users / saifia computers / Desktop / strike game.py", línea 9, en <módulo>

    gaming_guns (color = 'negro', pistola = 'bazooka')

TypeError: gaming_guns () obtuvo un argumento de palabra clave inesperado 'color'

>>>

Valores predeterminados

Cuando escribe una función, debe definir el valor predeterminado para los parámetros. Si se completa un argumento en particular en la llamada a la función, Python usa su valor. Si deja una llamada a una función, Python tomará el valor predeterminado y lo usará para mostrar el resultado. El siguiente fragmento de código le ayudará a comprender el concepto de valores predeterminados.

```python
def gaming_guns (armas, colores = 'rojo y negro'):
    print ("\ nHola, puedes usar la siguiente arma:" + armas + ".")
```

    print ("Está disponible en" + colores + "color".)

gaming_guns (armas = 'rifle', colores = 'azul')

gaming_guns ('ametralladora', colores = 'amarillo')

gaming_guns (armas = 'revólver')

gaming_guns (colores = 'marrón', pistolas = 'AK-47')

gaming_guns (armas = 'bazooka')

= REINICIAR: C: / Usuarios / computadoras saifia / Escritorio /
strike game.py

Hola, puedes usar la siguiente arma: rifle.
Está disponible en color azul.

Hola, puedes usar la siguiente arma: ametralladora.
Está disponible en color amarillo.

Hola, puedes usar la siguiente arma: revólver.
Está disponible en color rojo y negro.

Hola, puedes usar la siguiente arma: AK-47.
Está disponible en color marrón.

Hola, puedes usar la siguiente arma: bazooka.

Está disponible en color rojo y negro.

>>>

Realizar llamadas a funciones equivalentes

Lo más interesante de Python es que puede usar argumentos de palabras clave, valores predeterminados y argumentos posicionales juntos. Con mayor frecuencia, necesitará diferentes formas de realizar una llamada de función. Esto agrega diversificación a su código y lo hace eficiente.

```
def gaming_guns (armas, colores = 'rojo y negro'):
    print ("\ nHola, puedes usar la siguiente arma:" + armas + ".")
    print ("Está disponible en" + colores + "color".)


gaming_guns ('rifle', 'azul')
gaming_guns ('ametralladora', colores = 'amarillo')
gaming_guns (armas = 'revólver')
gaming_guns (colores = 'marrón', pistolas = 'AK-47')
gaming_guns (armas = 'bazooka')
= REINICIAR: C: / Usuarios / computadoras saifia / Escritorio / strike game.py


Hola, puedes usar la siguiente arma: rifle.
Está disponible en color azul.
```

Hola, puedes usar la siguiente arma: ametralladora.

Está disponible en color amarillo.

Hola, puedes usar la siguiente arma: revólver.

Está disponible en color rojo y negro.

Hola, puedes usar la siguiente arma: AK-47.

Está disponible en color marrón.

Hola, puedes usar la siguiente arma: bazooka.

Está disponible en color rojo y negro.

>>>

Cuando haya completado la función con parámetros, debe pasar argumentos a la misma. Si no completa la función con los argumentos correctos, verá un error.

```python
def gaming_guns (armas, colores = 'rojo y negro'):
    print ("\ nHola, puedes usar la siguiente arma:" + armas + ".")
    print ("Está disponible en" + colores + "color".)


gaming_guns ('rifle', 'azul')

gaming_guns ('ametralladora', colores = 'amarillo')

gaming_guns (armas = 'revólver')

pistolas_juegos ()

gaming_guns (armas = 'bazooka')
```

= REINICIAR: C: / Usuarios / computadoras saifia / Escritorio / strike game.py

Hola, puedes usar la siguiente arma: rifle.

Está disponible en color azul.

Hola, puedes usar la siguiente arma: ametralladora.

Está disponible en color amarillo.

Hola, puedes usar la siguiente arma: revólver.

Está disponible en color rojo y negro.

Rastreo (llamadas recientes más última):

  Archivo "C: / Users / saifia computers / Desktop / strike game.py", línea 8, en <módulo>

    pistolas_juegos ()

TypeError: gaming_guns () falta 1 argumento posicional requerido: 'guns'

>>>

Cuando haya configurado los parámetros, debe completar el código con los argumentos adecuados.

Devolver valores de función

Una función puede devolver los valores con los que la llenas. No hay una necesidad específica de mostrar la salida directamente. En su lugar, puede procesar datos y devolver los valores. Los valores que devuelve la función se conocen como valor de retorno. La declaración de retorno recibe el valor desde dentro de la función y lo reenvía a la línea que llama a la función. Usaré el mismo código para mostrar el resultado de los valores devueltos.

```
def gaming_guns (armas, colores = 'rojo y negro'):
    gaming_zone = "Hola, puedes usar la siguiente arma:" + armas + "." + "Está disponible en" + colores + "color".
    return zona_juego.titulo ()


Player = gaming_guns ('rifle', 'azul')
imprimir (jugador)


Player1 = gaming_guns ('ametralladora', colores = 'amarillo')
imprimir (Jugador1)


Player2 = gaming_guns (armas = 'revólver')
imprimir (Player2)


Player3 = gaming_guns (armas = 'AK-47')
imprimir (Player3)


Player4 = gaming_guns (armas = 'bazooka')
imprimir (Player4)
```

= REINICIAR: C: / Usuarios / computadoras saifia / Escritorio / strike game.py

Hola, puedes usar la siguiente pistola: rifle. Está disponible en color azul.

Hola, puedes usar la siguiente pistola: Ametralladora. Está disponible en color amarillo.

Hola, puedes usar la siguiente pistola: revólver. Está disponible en color rojo y negro.

Hola, puedes usar la siguiente pistola: Ak-47.Está disponible en color rojo y negro.

Hola, puedes usar la siguiente pistola: Bazooka. Está disponible en color rojo y negro.

>>>

Puede controlar la salida cambiando la declaración de devolución.

```
def gaming_guns (armas, colores = 'rojo y negro'):
    gaming_zone = "Hola, puedes usar la siguiente arma:" + armas + "." + "Está disponible en" + colores + "color".
    return zona_juego.upper ()


Player = gaming_guns ('rifle', 'azul')
imprimir (jugador)


Player1 = gaming_guns ('ametralladora', colores = 'amarillo')
imprimir (Jugador1)
```

Player2 = gaming_guns (armas = 'revólver')

imprimir (Player2)

Player3 = gaming_guns (armas = 'AK-47')

imprimir (Player3)

Player4 = gaming_guns (armas = 'bazooka')

imprimir (Player4)

= REINICIAR: C: / Usuarios / computadoras saifia / Escritorio / strike game.py

HOLA, PUEDES UTILIZAR LA SIGUIENTE PISTOLA: RIFLE, ESTÁ DISPONIBLE EN COLOR AZUL.

HOLA, PUEDE UTILIZAR LA SIGUIENTE PISTOLA: AMETRALLADORA. ESTÁ DISPONIBLE EN COLOR AMARILLO.

HOLA, PUEDES UTILIZAR LA SIGUIENTE PISTOLA: REVOLVER. ESTÁ DISPONIBLE EN COLOR ROJO Y NEGRO.

HOLA, PUEDES UTILIZAR LA SIGUIENTE PISTOLA: AK-47, ESTÁ DISPONIBLE EN COLOR ROJO Y NEGRO.

HOLA, PUEDE USAR LA SIGUIENTE PISTOLA: BAZOOKA. ESTÁ DISPONIBLE EN COLOR ROJO Y NEGRO.

>>>

También puede hacer que diferentes argumentos sean opcionales. En determinadas situaciones, tiene sentido convertir un argumento en opcional para que las personas puedan completar el programa con información adicional si así lo desean. Cambiaré los valores predeterminados para que esto suceda.

```
def gaming_guns (pistolas, colores, balas):
    gaming_zone = "Hola, puedes usar la siguiente arma:" +
armas + "." + "Está disponible en" + colores + "color". +
"Tiene" + str (viñetas) + "viñetas".
    return zona_juego.titulo ()


Player = gaming_guns ('rifle', 'azul', 44)
imprimir (jugador)


Player1 = gaming_guns ('ametralladora', 'amarillo', 6)
imprimir (Jugador1)


Player2 = gaming_guns ('revólver', 'azul', 9)
imprimir (Player2)


Player3 = gaming_guns ('AK-47', 'negro')
imprimir (Player3)


Player4 = gaming_guns ('bazooka', 'gris', 67)
```

imprimir (Player4)

= REINICIAR: C: / Usuarios / computadoras saifia / Escritorio / strike game.py

Hola, puedes usar la siguiente pistola: rifle. Está disponible en color azul. Tiene 44 balas.

Hola, puedes usar la siguiente pistola: Ametralladora. Está disponible en color amarillo. Tiene 6 balas.

Hola, puedes usar la siguiente pistola: revólver. Está disponible en color azul. Tiene 9 balas.

Rastreo (llamadas recientes más última):

  Archivo "C: / Users / saifia computers / Desktop / strike game.py", línea 14, en <módulo>

    Player3 = gaming_guns ('AK-47', 'negro')

TypeError: gaming_guns () falta 1 argumento posicional requerido: 'bullets'

>>>

Esto no salió como estaba planeado porque cuando me perdí las viñetas en las secciones de argumentos, recibí un error, pero el color no siempre es necesario. Entonces, tenemos que completar el código con una declaración condicional para que podamos hacer que el argumento de color sea opcional y podamos omitirlo a voluntad.

    def gaming_guns (pistolas, balas, colores = ''):

        si colores:

        gaming_zone = "Hola, puedes usar la siguiente arma:" + armas + "." + "Está disponible en" + colores + "color". + "Tiene" + str (viñetas) + "viñetas".

    más:

        gaming_zone = "Hola, puedes usar la siguiente arma:" + armas + "." + "Tiene" + str (viñetas) + "viñetas".

    return zona_juego.titulo ()

Player = gaming_guns ('rifle', 44, 'azul')
imprimir (jugador)

Player1 = gaming_guns ('ametralladora', 6, 'amarillo')
imprimir (Jugador1)

Player2 = gaming_guns ('revólver', 10)
imprimir (Player2)

Player3 = gaming_guns ('AK-47', 40, 'negro')
imprimir (Player3)

Player4 = gaming_guns ('bazooka', 50)
imprimir (Player4)
= REINICIAR: C: / Usuarios / computadoras saifia / Escritorio / strike game.py

Hola, puedes usar la siguiente pistola: rifle. Está disponible en color azul. Tiene 44 balas.

Hola, puedes usar la siguiente pistola: Ametralladora. Está disponible en color amarillo. Tiene 6 balas.

Hola, puedes usar la siguiente pistola: revólver. Tiene 10 balas.

Hola, puedes usar la siguiente pistola: Ak-47.Está disponible en color negro. Tiene 40 balas.

Hola, puedes usar la siguiente arma: Bazooka. Tiene 50 balas.

>>>

La prueba condicional ha hecho que un argumento sea opcional.

Diccionario de retorno

Una función devuelve cualquier valor que necesite. Esto incluye estructuras de datos complicadas como diccionarios y listas. La siguiente función construirá un diccionario de armas en un juego.

```
def gaming_guns (pistolas, balas, colores):


    game_player = {'Tengo la siguiente arma': armas, 'Tengo la
siguiente cantidad de balas': balas, 'El color de mi arma es':
colores}
    volver game_player


Player = gaming_guns ('rifle', 44, 'azul')
imprimir (jugador)
```

```python
Player1 = gaming_guns ('ametralladora', 6, 'amarillo')
imprimir (Jugador1)


Player2 = gaming_guns ('revólver', 10, 'gris')
imprimir (Player2)


Player3 = gaming_guns ('AK-47', 40, 'negro')
imprimir (Player3)


Player4 = gaming_guns ('bazooka', 50, 'azul marino')
imprimir (Player4)
```

= REINICIAR: C: / Usuarios / computadoras saifia / Escritorio / strike game.py

{'Tengo la siguiente arma': 'rifle', 'Tengo la siguiente cantidad de balas': 44, 'El color de mi arma es': 'azul'}

{'Tengo la siguiente arma': 'ametralladora', 'Tengo la siguiente cantidad de balas': 6, 'El color de mi arma es': 'amarillo'}

{'Tengo la siguiente arma': 'revólver', 'Tengo la siguiente cantidad de balas': 10, 'El color de mi arma es': 'gris'}

{'Tengo la siguiente arma': 'AK-47', 'Tengo la siguiente cantidad de balas': 40, 'El color de mi arma es': 'negro'}

{'Tengo la siguiente arma': 'bazooka', 'Tengo la siguiente
cantidad de balas': 50, 'El color de mi arma es': 'azul marino'}

>>>

Funciones y bucles

Puede emparejar la función con un bucle para lograr objetivos
complejos. He agregado un bucle while infinito a la siguiente
función. Consulte el fragmento de código a continuación.

```
def gaming_guns (pistolas, balas, colores):


    game_player = {'Tengo la siguiente arma': armas, 'Tengo la
siguiente cantidad de balas': balas, 'El color de mi arma es':
colores}
    volver game_player


mientras es cierto:
    print ("\ nPor favor, elige tu arma")
    g_guns = input ("Nombre de la pistola:")
    g_bullets = input ("Viñetas:")
    g_colors = input ("Color de la pistola:")


    Player = gaming_guns (g_guns, g_bullets, g_colors)
    imprimir (jugador)
```

= REINICIAR: C: / Usuarios / computadoras saifia / Escritorio / strike game.py

Elija su arma.

Nombre de la pistola: escopeta

Balas: 45

Color de la pistola: azul

{'Tengo la siguiente arma': 'escopeta', 'Tengo la siguiente cantidad de balas': '45', 'El color de mi arma es': 'azul'}

Elija su arma.

Nombre de la pistola: ak-47

Balas: 10

Color de la pistola: verde

{'Tengo la siguiente arma': 'ak-47', 'Tengo la siguiente cantidad de balas': '10', 'El color de mi arma es': 'verde'}

Elija su arma.

Nombre de la pistola: ametralladora

Balas: 55

Color de la pistola: amarillo

{'Tengo la siguiente arma': 'ametralladora', 'Tengo la siguiente cantidad de balas': '55', 'El color de mi arma es': 'amarillo'}

Elija su arma.

Nombre de la pistola: bazooka

Balas: 10

Color de la pistola: verde

{'Tengo la siguiente arma': 'bazooka', 'Tengo la siguiente cantidad de balas': '10', 'El color de mi arma es': 'verde'}

Elija su arma.

Nombre de la pistola: revólver

Balas: 6

Color de la pistola: plata

{'Tengo la siguiente arma': 'revólver', 'Tengo la siguiente cantidad de balas': '6', 'El color de mi arma es': 'plateado'}

Elija su arma.

Nombre de la pistola:

Ahora agregaré la declaración quit para que los usuarios puedan salir del ciclo cuando lo deseen.

def gaming_guns (pistolas, balas, colores):

   game_player = {'Tengo la siguiente arma': armas, 'Tengo la siguiente cantidad de balas': balas, 'El color de mi arma es': colores}

   volver game_player

```
mientras es cierto:

    print ("\ nPor favor, elige tu arma")

    print ("(Ingresa 'q' para salir del juego)")


    g_guns = input ("Nombre de la pistola:")

    si g_guns == 'q':

        romper


    g_bullets = input ("Viñetas:")

    si g_bullets == 'q':

        romper


    g_colors = input ("Color de la pistola:")

    si g_colors == 'q':

        romper


    Player = gaming_guns (g_guns, g_bullets, g_colors)

    imprimir (jugador)
```

= REINICIAR: C: / Usuarios / computadoras saifia / Escritorio / strike game.py

Elija su arma.

(Ingrese 'q' para salir del juego).

Nombre de la pistola: escopeta

Balas: 45

Color de la pistola: verde

{'Tengo la siguiente arma': 'escopeta', 'Tengo la siguiente cantidad de balas': '45', 'El color de mi arma es': 'verde'}

Elija su arma.

(Ingrese 'q' para salir del juego).

Nombre de la pistola: ak-47

Balas: 10

Color de la pistola: marrón

{'Tengo la siguiente arma': 'ak-47', 'Tengo la siguiente cantidad de balas': '10', 'El color de mi arma es': 'marrón'}

Elija su arma.

(Ingrese 'q' para salir del juego).

Nombre de la pistola: revólver

Balas: 6

Color de la pistola: gris plateado

{'Tengo la siguiente arma': 'revólver', 'Tengo la siguiente cantidad de balas': '6', 'El color de mi arma es': 'gris plateado'}

Elija su arma.

(Ingrese 'q' para salir del juego).

Nombre de la pistola: ametralladora

Viñetas: q

\>>>

Funciones y listas

Puede pasar una lista a una función específica. La lista puede ser cualquier cosa como la lista de números, objetos, nombres y diccionarios.

```
def gaming_guns (pistolas):

    para pistola en armas:
        game_zone = "Tengo la siguiente arma:" + gun.title ()
        imprimir (game_zone)


gun_list = ['ak-47', 'escopeta', 'ametralladora', 'revólver',
'bazooka']
pistolas_juegos (lista_pistolas)
= REINICIAR: C: / Usuarios / computadoras saifia / Escritorio /
strike game.py
Tengo la siguiente arma: Ak-47
Tengo la siguiente arma: Shot Gun
Tengo la siguiente arma: Ametralladora
Tengo la siguiente arma: Revolver
```

Tengo la siguiente arma: Bazooka

>>>

Puede modificar una lista mientras está empaquetada dentro de una función. Los cambios realizados en la lista son permanentes. Esto le permite trabajar de manera eficiente cuando tiene que manejar grandes cantidades de datos.

def gaming_guns (armas, vacías_guns):

    mientras que las armas:
        c_guns = guns.pop ()
        print ("Tienes las siguientes armas:" + c_guns)
        armas_vacías.append (armas_c)

def the_empty_guns (vacíos_guns):
    print ("\ nAquí está la lista de armas vacías:")
    para empty_gun en empty_guns:
        imprimir (pistola_vacia)

armas = ['ak-47', 'escopeta', 'ametralladora', 'revólver', 'bazuca']
armas_vacías = []

gaming_guns (pistolas, empty_guns)
the_empty_guns (vacíos_guns)

>>> = REINICIAR: C: / Usuarios / computadoras saifia /
Escritorio / strike game.py

Tienes las siguientes armas: bazooka

Tienes las siguientes armas: revólver

Tienes las siguientes armas: ametralladora

Tienes las siguientes armas: escopeta

Tienes las siguientes armas: ak-47

Aquí está la lista de armas vacías:

bazuca

revólver

Ametralladora

escopeta

ak-47

>>>

Capítulo Siete

Programación orientada a objetos

La programación orientada a objetos es uno de los enfoques más efectivos para escribir software. En el mundo de la programación orientada a objetos, tienes que escribir clases que representen un montón de objetos y situaciones del mundo real. Las clases te ayudan a crear objetos permitiéndote crear modelos de objetos del mundo real. Cuando crea objetos a partir de clases, cada objeto debe tener ciertos rasgos de comportamiento del objeto. Cuando crea un objeto a partir de una clase, el proceso se conoce como instanciación. Este capítulo lo guiará a través del proceso de creación de clases e instancias a partir de las clases. Una vez que haya creado una clase, puede crear tantas instancias como desee. Una comprensión adecuada de la programación orientada a objetos le ayudará a ver el mundo desde el ojo de un programador. Llegarás a conocer tu código desde un punto de vista más amplio.

Las clases te facilitarán la vida ya que podrás abordar diferentes problemas de forma creativa. Puedes crear un modelo de cualquier cosa usando una clase. Empezaré a escribir la clase de un caballo que corre rápido. El caballo tendrá nombre, color y edad. H correrá y saltará un obstáculo en un hipódromo. Cuando termine de escribir la clase, me enfocaré en crear instancias. Cada instancia representará un caballo separado. Vea el siguiente ejemplo de código.

```python
clase Caballo ():
    # esta es una clase de Python simple
    def __init__ (self, hname, hage):
        # Estoy inicializando los atributos de nombre y edad.
        self.hname = hname
        self.hage = hage


    def ejecutar (auto):
        # Esta función hará que el caballo corra cuando se le dé
una orden.
        print (self.hname.title () + "ahora se está ejecutando en el
circuito de la carrera.")


    def leap_over (uno mismo):
        # Esto hará que el caballo salte por encima del obstáculo.
        print (self.hname.title () + "ha saltado exitosamente el
primer obstáculo.")
```

El método __init __ () es una parte integral de la clase. Se ejecuta automáticamente cuando crea una nueva instancia de la clase de caballos. Hay cuatro parámetros para la función, a los que tendrá que pasar argumentos cuando cree una instancia. He añadido dos métodos para hacer que el caballo corra y salte el obstáculo del hipódromo. Los métodos crearán declaraciones simples y las mostrarán en la pantalla. Si desarrolla un juego real, los métodos harán que el caballo se anime en la pantalla. Será bastante interesante si estás deseando crear tu propio juego. Puede construir un robot y crear clases y métodos para que haga las cosas que imaginó. No crearé una instancia de la misma clase.

```python
clase Caballo ():
    # esta es una clase de Python simple
    def __init__ (self, hname, hage, hcolor):
        # Estoy inicializando los atributos de nombre y edad.
        self.hname = hname
        self.hage = hage
        self.hcolor = hcolor


    def ejecutar (auto):
        # Esta función hará que el caballo corra cuando se le dé
una orden.
        print (self.hname.title () + "ahora se está ejecutando en el
circuito de la carrera.")


    def leap_over (uno mismo):
        # Esto hará que el caballo salte por encima del obstáculo.
        print (self.hname.title () + "ha saltado exitosamente el
primer obstáculo.")


caballo1 = Caballo ('Bond', 9, 'azul')
```

print ("El nombre de mascota de mi caballo es" +
horse1.hname.title () + ".")

print ("Mi caballo tiene" + str (horse1.hage) + "años.")

print ("Mi caballo es de" + horse1.hcolor.title () + "color.")

= REINICIAR: C: / Usuarios / computadoras saifia / Escritorio /
strike game.py

El sobrenombre de mi caballo es Bond.

Mi caballo tiene 9 años.

Mi caballo es de color azul.

>>>

Ahora llamaré a los métodos que animarán al caballo para que corra
y salte el obstáculo para ganar la carrera. Llamaré a los métodos en
el siguiente código para animar el objeto. Las dos líneas necesarias
para llamar a los métodos aparecerán al final del código.

```
clase Caballo ():
    # esta es una clase de Python simple
    def __init __ (self, hname, hage, hcolor):
        # Estoy inicializando los atributos de nombre y edad.
        self.hname = hname
        self.hage = hage
        self.hcolor = hcolor

    def ejecutar (auto):
```

        # Esta función hará que el caballo corra cuando se le dé una orden.

        print (self.hname.title () + "ahora se está ejecutando en el circuito de la carrera.")

    def leap_over (uno mismo):

        # Esto hará que el caballo salte por encima del obstáculo.

        print (self.hname.title () + "ha saltado exitosamente el primer obstáculo.")

caballo1 = Caballo ('Bond', 9, 'azul')
print ("El nombre de mascota de mi caballo es" +
horse1.hname.title () + ".")
print ("Mi caballo tiene" + str (horse1.hage) + "años.")
print ("Mi caballo es de" + horse1.hcolor.title () + "color.")
horse1.run ()
horse1.leap_over ()
= REINICIAR: C: / Usuarios / computadoras saifia / Escritorio / strike game.py
El sobrenombre de mi caballo es Bond.
Mi caballo tiene 9 años.
Mi caballo es de color azul.
Bond ahora está corriendo en la pista de carreras.
Bond ha superado con éxito el primer obstáculo.
>>>

Múltiples instancias

Puede crear tantas instancias para la misma clase como desee. Crearé más caballos que correrán en la pista de carreras del juego. Vea el siguiente ejemplo.

```python
clase Caballo ():
    # esta es una clase de Python simple
    def __init__ (self, hname, hage, hcolor):
        # Estoy inicializando los atributos de nombre y edad.
        self.hname = hname
        self.hage = hage
        self.hcolor = hcolor


    def ejecutar (auto):
        # Esta función hará que el caballo corra cuando se le dé
una orden.
        print (self.hname.title () + "ahora se está ejecutando en el
circuito de la carrera.")


    def leap_over (uno mismo):
        # Esto hará que el caballo salte por encima del obstáculo.
        print (self.hname.title () + "ha saltado exitosamente el
primer obstáculo.")


caballo1 = Caballo ('Bond', 9, 'azul')
```

```python
print ("El nombre de mascota de mi caballo es" +
horse1.hname.title () + ".")
print ("Mi caballo tiene" + str (horse1.hage) + "años.")
print ("Mi caballo es de" + horse1.hcolor.title () + "color.")
horse1.run ()
horse1.leap_over ()


horse2 = Caballo ('Dragón', 12, 'Negro')
print ("El nombre de mascota de mi caballo es" +
horse2.hname.title () + ".")
print ("Mi caballo tiene" + str (horse2.hage) + "años.")
print ("Mi caballo es de" + horse2.hcolor.title () + "color.")
horse2.run ()
horse2.leap_over ()


horse3 = Caballo ('Saber', 8, 'Blanco')
print ("El nombre de mascota de mi caballo es" +
horse3.hname.title () + ".")
print ("Mi caballo tiene" + str (horse3.hage) + "años.")
print ("Mi caballo es de" + horse3.hcolor.title () + "color.")
horse3.run ()
horse3.leap_over ()


horse4 = Caballo ('Lilly', 13, 'Rojo')
```

print ("El nombre de mascota de mi caballo es" +
horse4.hname.title () + ".")

print ("Mi caballo tiene" + str (horse4.hage) + "años.")

print ("Mi caballo es de" + horse4.hcolor.title () + "color.")

horse4.run ()

horse4.leap_over ()

= REINICIAR: C: / Usuarios / computadoras saifia / Escritorio /
strike game.py

El sobrenombre de mi caballo es Bond.

Mi caballo tiene 9 años.

Mi caballo es de color azul.

Bond ahora está corriendo en la pista de carreras.

Bond ha superado con éxito el primer obstáculo.

El sobrenombre de mi caballo es Dragón.

Mi caballo tiene 12 años.

Mi caballo es de color negro.

Dragon ahora está corriendo en el circuito de carreras.

Dragon ha saltado con éxito el primer obstáculo.

El nombre de mascota de mi caballo es Saber.

Mi caballo tiene 8 años.

Mi caballo es de color blanco.

Sabre ahora está corriendo en la pista de carreras.

Sabre ha saltado con éxito el primer obstáculo.

El sobrenombre de mi caballo es Lilly.

Mi caballo tiene 13 años.

Mi caballo es de color rojo.

Lilly ahora está corriendo en la pista de carreras.

Lilly ha superado con éxito el primer obstáculo.

>>>

También puede agregar más métodos para animar aún más a los caballos. Haré que el caballo patee la hierba en la orilla del río después de que haya corrido en el caballo de carreras. Todo lo que se necesita es un método simple para hacerlo realidad.

```python
clase Caballo ():
    # esta es una clase de Python simple
    def __init__ (self, hname, hage, hcolor):
        # Estoy inicializando los atributos de nombre y edad.
        self.hname = hname
        self.hage = hage
        self.hcolor = hcolor


    def ejecutar (auto):
        # Esta función hará que el caballo corra cuando se le dé
una orden.
        print (self.hname.title () + "ahora se está ejecutando en el
circuito de la carrera.")


    def leap_over (uno mismo):
```

```python
        # Esto hará que el caballo salte por encima del obstáculo.
        print (self.hname.title () + "ha saltado exitosamente el
primer obstáculo.")


    def pasto_grano (uno mismo):
        print (self.hname.title () + "está pastando hierba en la orilla
del río.")


caballo1 = Caballo ('Bond', 9, 'azul')
print ("El nombre de mascota de mi caballo es" +
horse1.hname.title () + ".")
print ("Mi caballo tiene" + str (horse1.hage) + "años.")
print ("Mi caballo es de" + horse1.hcolor.title () + "color.")
horse1.run ()
horse1.leap_over ()
horse1.grass_grazing ()


horse2 = Caballo ('Dragón', 12, 'Negro')
print ("El nombre de mascota de mi caballo es" +
horse2.hname.title () + ".")
print ("Mi caballo tiene" + str (horse2.hage) + "años.")
print ("Mi caballo es de" + horse2.hcolor.title () + "color.")
horse2.run ()
horse2.leap_over ()
```

```python
horse2.grass_grazing ()

horse3 = Caballo ('Saber', 8, 'Blanco')
print ("El nombre de mascota de mi caballo es" +
horse3.hname.title () + ".")
print ("Mi caballo tiene" + str (horse3.hage) + "años.")
print ("Mi caballo es de" + horse3.hcolor.title () + "color.")
horse3.run ()
horse3.leap_over ()
horse3.grass_grazing ()

horse4 = Caballo ('Lilly', 13, 'Rojo')
print ("El nombre de mascota de mi caballo es" +
horse4.hname.title () + ".")
print ("Mi caballo tiene" + str (horse4.hage) + "años.")
print ("Mi caballo es de" + horse4.hcolor.title () + "color.")
horse4.run ()
horse4.leap_over ()
horse4.grass_grazing ()
= REINICIAR: C: / Usuarios / computadoras saifia / Escritorio /
strike game.py
El sobrenombre de mi caballo es Bond.
Mi caballo tiene 9 años.
Mi caballo es de color azul.
```

Bond ahora está corriendo en la pista de carreras.

Bond ha superado con éxito el primer obstáculo.

Bond está pastando hierba en la orilla del río.

El sobrenombre de mi caballo es Dragón.

Mi caballo tiene 12 años.

Mi caballo es de color negro.

Dragon ahora está corriendo en el circuito de carreras.

Dragon ha saltado con éxito el primer obstáculo.

El dragón está pastando hierba en la orilla del río.

El nombre de mascota de mi caballo es Saber.

Mi caballo tiene 8 años.

Mi caballo es de color blanco.

Sabre ahora está corriendo en la pista de carreras.

Sabre ha saltado con éxito el primer obstáculo.

Sabre está pastando hierba en la orilla del río.

El sobrenombre de mi caballo es Lilly.

Mi caballo tiene 13 años.

Mi caballo es de color rojo.

Lilly ahora está corriendo en la pista de carreras.

Lilly ha superado con éxito el primer obstáculo.

Lilly está pastando hierba en la orilla del río.

>>>

La clase de ciclo

Ahora crearé una clase de ciclismo. Esta clase almacenará la información sobre ciclos. Agregaré diferentes métodos que nos ayudarán a agregar más información sobre los ciclos. Si planea lanzar una sala de exhibición de bicicletas, la clase de bicicletas lo ayudará a operar la sala de exhibición de manera eficiente. El método para crear la clase de ciclo será similar al de crear la clase de caballo. Cambiaré los parámetros, métodos y argumentos en las instancias.

```
clase Cycle ():


    def __init __ (self, cname, cmake, cyear, ccolor):
        self.cname = cname
        self.cmake = cmake
        self.cyear = cyear
        self.ccolor = ccolor


    def nombre_completo (yo):
        fname = self.cname + " + self.cmake + " + str (self.cyear) +
" + self.ccolor
        return fname.title ()


mycycle1 = Cycle ('híbrido', 'hiland', 2015, 'azul')
imprimir (mycycle1.full_name ())
```

= REINICIAR: C: / Usuarios / computadoras saifia / Escritorio / strike game.py

Hybrid Hiland 2015 Azul

>>>

Ahora agregaré más instancias a la clase de ciclo.

```
clase Cycle ():

    def __init__ (self, cname, cmake, cyear, ccolor):
        self.cname = cname
        self.cmake = cmake
        self.cyear = cyear
        self.ccolor = ccolor


    def nombre_completo (yo):
        fname = self.cname + " + self.cmake + " + str (self.cyear) + " + self.ccolor
        return fname.title ()


mycycle1 = Cycle ('híbrido', 'hiland', 2015, 'azul')
imprimir (mycycle1.full_name ())


mycycle2 = Cycle ('híbrido retro urbano', 'Eurobike', 2012, 'gris')
imprimir (mycycle2.full_name ())
```

mycycle3 = Cycle ('híbrido', 'vilano', 2018, 'negro')

imprimir (mycycle1.full_name ())

============ REINICIAR: C: \ Users \ saifia computers \ Desktop \ strike game.py ===========

Hybrid Hiland 2015 Azul

Eurobike Urbano Retro Híbrido 2012 Gris

Hybrid Hiland 2015 Azul

>>>

Atributos predeterminados

Cada atributo dentro de una clase exige un valor inicial incluso si su valor es cero. Agregaré a la clase otro atributo para leer el odómetro. El atributo comenzará desde cero. Mostrará que el ciclo ha recorrido cero kilómetros en la carretera. También agregaré un método que ayudará a leer el odómetro.

```
clase Cycle ():

    def __init __ (self, cname, cmake, cyear, ccolor):
        self.cname = cname
        self.cmake = cmake
        self.cyear = cyear
        self.ccolor = ccolor
        self.odometer_reading = 0
```

```python
    def nombre_completo (yo):
        fname = self.cname + " + self.cmake + " + str (self.cyear) +
" + self.ccolor
        return fname.title ()
    def reading_my_odometer (self):
        print ("El ciclo tiene" + str (self.odometer_reading) +
"millas registradas")


mycycle1 = Cycle ('el ciclo es híbrido', 'el ciclo está hecho por
hiland', 2015, 'su color es azul loco')
imprimir (mycycle1.full_name ())
mycycle1.reading_my_odometer ()


mycycle2 = Cycle ('el ciclo es híbrido retro urbano', 'está hecho
por Eurobike', 2012, 'su color es gris')
imprimir (mycycle2.full_name ())
mycycle2.reading_my_odometer ()


mycycle3 = Cycle ('el ciclo es híbrido', 'está hecho por vilano',
2018, 'su color es negro oscuro')
imprimir (mycycle1.full_name ())
mycycle3.reading_my_odometer ()
```

mycycle4 = Cycle ('el ciclo es una bicicleta de resistencia', 'está hecha por tommaso', 2018, 'su color es marrón')

imprimir (mycycle1.full_name ())

mycycle4.reading_my_odometer ()

El ciclo es híbrido El ciclo está hecho por Hiland 2015 Su color es azul loco

El ciclo tiene 0 millas registradas.

El ciclo es híbrido retro urbano Está fabricado por Eurobike 2012 Su color es gris

El ciclo tiene 0 millas registradas.

El ciclo es híbrido El ciclo está hecho por Hiland 2015 Su color es azul loco

El ciclo tiene 0 millas registradas.

El ciclo es híbrido El ciclo está hecho por Hiland 2015 Su color es azul loco

El ciclo tiene 0 millas registradas.

>>>

Podemos hacer el limpiador de código mencionado anteriormente agregando las declaraciones en la sección de método.

clase Cycle ():

```python
    def __init__ (self, cname, cmake, cyear, ccolor):
        self.cname = cname
        self.cmake = cmake
        self.cyear = cyear
        self.ccolor = ccolor
        self.odometer_reading = 0


    def nombre_completo (yo):
        fname = "El ciclo es" + self.cname + "." + "el ciclo está
hecho por" + self.cmake + "." + "Está hecho en" + str
(self.cyear) + "." + "su color es" + self.ccolor + "."
        return fname.title ()
    def reading_my_odometer (self):
        print ("El ciclo tiene" + str (self.odometer_reading) +
"millas registradas")


mycycle1 = Cycle ('híbrido', 'hiland', 2015, 'azul loco')
imprimir (mycycle1.full_name ())
mycycle1.reading_my_odometer ()


mycycle2 = Cycle ('retro urban', 'Eurobike', 2012, 'el color es
gris')
imprimir (mycycle2.full_name ())
mycycle2.reading_my_odometer ()
```

mycycle3 = Cycle ('el ciclo es híbrido', 'está hecho por vilano', 2018, 'negro oscuro')

imprimir (mycycle1.full_name ())

mycycle3.reading_my_odometer ()

mycycle4 = Cycle ('bicicleta de resistencia', 'tommaso', 2018, 'marrón')

imprimir (mycycle1.full_name ())

mycycle4.reading_my_odometer ()

============ REINICIAR: C: \ Users \ saifia computers \ Desktop \ strike game.py ==========

El ciclo es híbrido. El ciclo está fabricado por Hiland. Está fabricado en 2015. Su color es azul loco.

El ciclo tiene 0 millas registradas.

La bicicleta es retro urbana. La bicicleta está fabricada por Eurobike. Está fabricada en 2012. Su color es gris.

El ciclo tiene 0 millas registradas.

El ciclo es híbrido. El ciclo está fabricado por Hiland. Está fabricado en 2015. Su color es azul loco.

El ciclo tiene 0 millas registradas.

El ciclo es híbrido. El ciclo está fabricado por Hiland. Está fabricado en 2015. Su color es azul loco.

El ciclo tiene 0 millas registradas.

>>>

En el siguiente ejemplo, modificaré el valor de los atributos a través de la instancia. Vea el siguiente ejemplo.

```
clase Cycle ():

    def __init__ (self, cname, cmake, cyear, ccolor):
        self.cname = cname
        self.cmake = cmake
        self.cyear = cyear
        self.ccolor = ccolor
        self.odometer_reading = 0


    def nombre_completo (yo):
        fname = "El ciclo es" + self.cname + "." + "el ciclo está
hecho por" + self.cmake + "." + "Está hecho en" + str
(self.cyear) + "." + "su color es" + self.ccolor + "."
        return fname.title ()
    def reading_my_odometer (self):
        print ("El ciclo tiene" + str (self.odometer_reading) +
"millas registradas")


mycycle1 = Cycle ('híbrido', 'hiland', 2015, 'azul loco')
imprimir (mycycle1.full_name ())
mycycle1.odometer_reading = 55
mycycle1.reading_my_odometer ()
```

```python
mycycle2 = Cycle ('retro urban', 'Eurobike', 2012, 'el color es
gris')
imprimir (mycycle2.full_name ())
mycycle1.odometer_reading = 20
mycycle2.reading_my_odometer ()


mycycle3 = Cycle ('el ciclo es híbrido', 'está hecho por vilano',
2018, 'negro oscuro')
imprimir (mycycle1.full_name ())
mycycle3.reading_my_odometer ()


mycycle4 = Cycle ('bicicleta de resistencia', 'tommaso', 2018,
'marrón')
imprimir (mycycle1.full_name ())
mycycle4.reading_my_odometer ()
```

============ REINICIAR: C: \ Users \ saifia computers \ Desktop \ strike game.py ==========

El ciclo es híbrido. El ciclo está fabricado por Hiland. Está fabricado en 2015. Su color es azul loco.

El ciclo tiene 55 millas registradas.

La bicicleta es retro urbana. La bicicleta está fabricada por Eurobike. Está fabricada en 2012. Su color es gris.

El ciclo tiene 0 millas registradas.

El ciclo es híbrido. El ciclo está fabricado por Hiland. Está fabricado en 2015. Su color es azul loco.

El ciclo tiene 0 millas registradas.

El ciclo es híbrido. El ciclo está fabricado por Hiland. Está fabricado en 2015. Su color es azul loco.

El ciclo tiene 0 millas registradas.

>>>

Esta es la vieja escuela y una forma gastada de modificar el valor de los atributos. Existe una forma más sencilla y sistemática de hacerlo. Ciertos métodos pueden actualizar diferentes tipos de atributos en el código. En lugar de alterar las instancias, puede pasar el nuevo valor al método que manejará la actualización de manera efectiva. El nuevo método que agregaré aquí se llama my_update_odometer ().

```
clase Cycle ():

    def __init__ (self, cname, cmake, cyear, ccolor):
        self.cname = cname
        self.cmake = cmake
        self.cyear = cyear
        self.ccolor = ccolor
        self.odometer_reading = 0

    def nombre_completo (yo):
```

```python
        fname = "El ciclo es" + self.cname + "." + "el ciclo está
hecho por" + self.cmake + "." + "Está hecho en" + str
(self.cyear) + "." + "su color es" + self.ccolor + "."
        return fname.title ()
    def reading_my_odometer (self):
        print ("El ciclo tiene" + str (self.odometer_reading) +
"millas registradas")
    def my_update_odometer (self, cmileage):
        self.odometer_reading = cmileage


mycycle1 = Cycle ('híbrido', 'hiland', 2015, 'azul loco')
imprimir (mycycle1.full_name ())
mycycle1.odometer_reading = 20
mycycle1.my_update_odometer (55)
mycycle1.reading_my_odometer ()


mycycle2 = Cycle ('retro urban', 'Eurobike', 2012, 'el color es
gris')
imprimir (mycycle2.full_name ())
mycycle2.my_update_odometer (45)
mycycle2.reading_my_odometer ()


mycycle3 = Cycle ('el ciclo es híbrido', 'está hecho por vilano',
2018, 'negro oscuro')
```

imprimir (mycycle1.full_name ())

mycycle3.reading_my_odometer ()

mycycle4 = Cycle ('bicicleta de resistencia', 'tommaso', 2018, 'marrón')

imprimir (mycycle1.full_name ())

mycycle4.reading_my_odometer ()

============ REINICIAR: C: \ Users \ saifia computers \ Desktop \ strike game.py ===========

El ciclo es híbrido. El ciclo está fabricado por Hiland. Está fabricado en 2015. Su color es azul loco.

El ciclo tiene 55 millas registradas.

La bicicleta es retro urbana. La bicicleta está fabricada por Eurobike. Está fabricada en 2012. Su color es gris.

El ciclo tiene 45 millas registradas.

El ciclo es híbrido. El ciclo está fabricado por Hiland. Está fabricado en 2015. Su color es azul loco.

El ciclo tiene 0 millas registradas.

El ciclo es híbrido. El ciclo está fabricado por Hiland. Está fabricado en 2015. Su color es azul loco.

El ciclo tiene 0 millas registradas.

>>>

Ahora agregaré algo interesante al mismo código. Agregaré un método que evita que los empleados de la sala de exposición hagan retroceder el odómetro. Agregaré lógica al código para asegurarme de que nadie pueda retroceder la lectura del odómetro.

```python
clase Cycle ():

    def __init__ (self, cname, cmake, cyear, ccolor):
        self.cname = cname
        self.cmake = cmake
        self.cyear = cyear
        self.ccolor = ccolor
        self.odometer_reading = 50


    def nombre_completo (yo):
        fname = "El ciclo es" + self.cname + "." + "el ciclo está
hecho por" + self.cmake + "." + "Está hecho en" + str
(self.cyear) + "." + "su color es" + self.ccolor + "."
        return fname.title ()
    def reading_my_odometer (self):
        print ("El ciclo tiene" + str (self.odometer_reading) +
"millas registradas")
    def my_update_odometer (self, cmileage):
        self.odometer_reading = cmileage


        if cmileage> = self.odometer_reading:
            self.odometer_reading = cmileage
```

más:

        print ("Estimado empleado! No puede revertir la lectura del odómetro").

```
mycycle1 = Cycle ('híbrido', 'hiland', 2015, 'azul loco')
imprimir (mycycle1.full_name ())
mycycle1.my_update_odometer (15)
mycycle1.reading_my_odometer ()


mycycle2 = Cycle ('retro urban', 'Eurobike', 2012, 'el color es gris')
imprimir (mycycle2.full_name ())
mycycle2.my_update_odometer (10)
mycycle2.reading_my_odometer ()


mycycle3 = Cycle ('el ciclo es híbrido', 'está hecho por vilano', 2018, 'negro oscuro')
imprimir (mycycle1.full_name ())
mycycle3.reading_my_odometer ()


mycycle4 = Cycle ('bicicleta de resistencia', 'tommaso', 2018, 'marrón')
imprimir (mycycle1.full_name ())
mycycle4.reading_my_odometer ()
```

Incrementando

Existe un método para incrementar el valor de un atributo. Puede sumar el valor incremental al kilometraje del ciclo mediante un método simple. Esto le facilita mantener el registro de cuántas millas ha recorrido el ciclo durante el transporte. Los clientes necesitan saber esto.

```
clase Cycle ():

    def __init __ (self, cname, cmake, cyear, ccolor):
        self.cname = cname
        self.cmake = cmake
        self.cyear = cyear
        self.ccolor = ccolor
        self.odometer_reading = 50

    def nombre_completo (yo):
        fname = "El ciclo es" + self.cname + "." + "el ciclo está
hecho por" + self.cmake + "." + "Está hecho en" + str
(self.cyear) + "." + "su color es" + self.ccolor + "."
        return fname.title ()
    def reading_my_odometer (self):
        print ("El ciclo tiene" + str (self.odometer_reading) +
"millas registradas")
    def my_update_odometer (self, cmileage):
```

```python
        self.odometer_reading = cmileage

    if cmileage> = self.odometer_reading:
        self.odometer_reading = cmileage
    más:
        print ("Estimado empleado! No puede revertir la lectura
del odómetro").
    def incrementing_the_odometer (self, kilómetros):
        self.odometer_reading + = kilómetros


mycycle1 = Cycle ('híbrido', 'hiland', 2015, 'azul loco')
imprimir (mycycle1.full_name ())
mycycle1.my_update_odometer (15)
mycycle1.reading_my_odometer ()
mycycle1.incrementing_the_odometer (100)
mycycle1.reading_my_odometer ()


mycycle2 = Cycle ('retro urban', 'Eurobike', 2012, 'el color es
gris')
imprimir (mycycle2.full_name ())
mycycle2.my_update_odometer (10)
mycycle2.reading_my_odometer ()
mycycle2.incrementing_the_odometer (5000)
mycycle2.reading_my_odometer ()
```

mycycle3 = Cycle ('el ciclo es híbrido', 'está hecho por vilano', 2018, 'negro oscuro')

imprimir (mycycle1.full_name ())

mycycle3.reading_my_odometer ()

mycycle3.incrementing_the_odometer (1000)

mycycle3.reading_my_odometer ()

mycycle4 = Cycle ('bicicleta de resistencia', 'tommaso', 2018, 'marrón')

imprimir (mycycle1.full_name ())

mycycle4.reading_my_odometer ()

mycycle4.incrementing_the_odometer (2000)

mycycle4.reading_my_odometer ()

============ REINICIAR: C: \ Users \ saifia computers \ Desktop \ strike game.py ===========

El ciclo es híbrido. El ciclo está fabricado por Hiland. Está fabricado en 2015. Su color es azul loco.

El ciclo tiene 15 millas registradas.

El ciclo tiene 115 millas registradas.

La bicicleta es retro urbana. La bicicleta está fabricada por Eurobike. Está fabricada en 2012. Su color es gris.

El ciclo tiene 10 millas registradas.

El ciclo tiene 5010 millas registradas.

El ciclo es híbrido. El ciclo está fabricado por Hiland. Está fabricado en 2015. Su color es azul loco.

El ciclo tiene 50 millas registradas.

El ciclo tiene 1050 millas registradas.

El ciclo es híbrido. El ciclo está fabricado por Hiland. Está fabricado en 2015. Su color es azul loco.

El ciclo tiene 50 millas registradas.

El ciclo tiene 2050 millas registradas.

>>>

La clase de herencia

Cuando estás enderezando una clase, no siempre tienes que empezar desde cero. Si está escribiendo una clase especializada que es parte de la clase que ya ha escrito, puede usar la característica de clase de herencia. Si una clase hereda de otra clase, consume todos los métodos y atributos de la clase principal. La clase heredada se etiqueta como clase secundaria. Puede usar el método _init__ () para la clase para asegurarse de que la clase secundaria herede todos los valores de la clase principal. Crearé una bicicleta eléctrica en el siguiente fragmento de código. Ahora comenzaré a crear una versión simple de bicicleta eléctrica que hará todo lo que hace la clase Cycle.

clase Cycle ():

    def __init __ (self, cname, cmake, cyear, ccolor):
      self.cname = cname

```python
        self.cmake = cmake
        self.cyear = cyear
        self.ccolor = ccolor
        self.odometer_reading = 50


    def nombre_completo (yo):
        fname = "El ciclo es" + self.cname + "." + "el ciclo está
hecho por" + self.cmake + "." + "Está hecho en" + str
(self.cyear) + "." + "su color es" + self.ccolor + "."
        return fname.title ()
    def reading_my_odometer (self):
        print ("El ciclo tiene" + str (self.odometer_reading) +
"millas registradas")
    def my_update_odometer (self, cmileage):
        self.odometer_reading = cmileage


        if cmileage> = self.odometer_reading:
            self.odometer_reading = cmileage
        más:
            print ("Estimado empleado! No puede revertir la lectura
del odómetro").
    def incrementing_the_odometer (self, kilómetros):
        self.odometer_reading + = kilómetros
```

```python
clase ECycle (ciclo):
    def __init__ (self, cname, cmake, cyear, ccolor):
        super () .__ init __ (cname, cmake, cyear, ccolor)
mynova = ECycle ('Bicicleta eléctrica', 'Nova', 2020, 'plata')
imprimir (mynova.full_name ())


mycycle1 = Cycle ('híbrido', 'hiland', 2015, 'azul loco')
imprimir (mycycle1.full_name ())
mycycle1.my_update_odometer (15)
mycycle1.reading_my_odometer ()
mycycle1.incrementing_the_odometer (100)
mycycle1.reading_my_odometer ()


mycycle2 = Cycle ('retro urban', 'Eurobike', 2012, 'el color es
gris')
imprimir (mycycle2.full_name ())
mycycle2.my_update_odometer (10)
mycycle2.reading_my_odometer ()
mycycle2.incrementing_the_odometer (5000)
mycycle2.reading_my_odometer ()


mycycle3 = Cycle ('el ciclo es híbrido', 'está hecho por vilano',
2018, 'negro oscuro')
imprimir (mycycle1.full_name ())
```

mycycle3.reading_my_odometer ()

mycycle3.incrementing_the_odometer (1000)

mycycle3.reading_my_odometer ()

mycycle4 = Cycle ('bicicleta de resistencia', 'tommaso', 2018, 'marrón')

imprimir (mycycle1.full_name ())

mycycle4.reading_my_odometer ()

mycycle4.incrementing_the_odometer (2000)

mycycle4.reading_my_odometer ()

============ REINICIAR: C: \ Users \ saifia computers \ Desktop \ strike game.py ==========

La bicicleta es eléctrica, la bicicleta está fabricada por nova, está fabricada en 2020 y su color es plateado.

El ciclo es híbrido. El ciclo está fabricado por Hiland. Está fabricado en 2015. Su color es azul loco.

El ciclo tiene 15 millas registradas.

El ciclo tiene 115 millas registradas.

La bicicleta es retro urbana. La bicicleta está fabricada por Eurobike. Está fabricada en 2012. Su color es gris.

El ciclo tiene 10 millas registradas.

El ciclo tiene 5010 millas registradas.

El ciclo es híbrido. El ciclo está fabricado por Hiland. Está fabricado en 2015. Su color es azul loco.

El ciclo tiene 50 millas registradas.

El ciclo tiene 1050 millas registradas.

El ciclo es híbrido. El ciclo está fabricado por Hiland. Está fabricado en 2015. Su color es azul loco.

El ciclo tiene 50 millas registradas.

El ciclo tiene 2050 millas registradas.

>>>

Debe tener en cuenta que cuando crea una clase secundaria, la clase principal debe ser parte del archivo en el que la está creando. La clase principal es sensible al orden, por lo que debe escribirla antes que la clase secundaria. Debe escribir el nombre de la clase principal entre paréntesis cuando defina la clase secundaria. Es posible que haya notado una nueva función denominada función super () en el código. La función super () es una función muy especial que ayuda a Python a formar conexiones entre la clase secundaria y la clase principal. Esto le informa a Python que debe llamar al método __init__ () de la clase principal. Así es como la clase secundaria toma los atributos de la clase principal.

Si está utilizando Python 2.7, la función super () cambiará como en el siguiente ejemplo de código, pero el resultado será el mismo. Tenga en cuenta la función super () y el resultado.

```
clase Cycle ():


    def __init__ (self, cname, cmake, cyear, ccolor):
```

```python
        self.cname = cname
        self.cmake = cmake
        self.cyear = cyear
        self.ccolor = ccolor
        self.odometer_reading = 50


    def nombre_completo (yo):
        fname = "El ciclo es" + self.cname + "." + "el ciclo está
hecho por" + self.cmake + "." + "Está hecho en" + str
(self.cyear) + "." + "su color es" + self.ccolor + "."
        return fname.title ()
    def reading_my_odometer (self):
        print ("El ciclo tiene" + str (self.odometer_reading) +
"millas registradas")
    def my_update_odometer (self, cmileage):
        self.odometer_reading = cmileage


        if cmileage> = self.odometer_reading:
            self.odometer_reading = cmileage
    más:
        print ("Estimado empleado! No puede revertir la lectura
del odómetro").
    def incrementing_the_odometer (self, kilómetros):
        self.odometer_reading + = kilómetros
```

```python
clase ECycle (ciclo):
    def __init__ (self, cname, cmake, cyear, ccolor):
        super (ECycle, self) .__ init __ (cname, cmake, cyear,
ccolor)
mynova = ECycle ('Bicicleta eléctrica', 'Nova', 2020, 'plata')
imprimir (mynova.full_name ())


mycycle1 = Cycle ('híbrido', 'hiland', 2015, 'azul loco')
imprimir (mycycle1.full_name ())
mycycle1.my_update_odometer (15)
mycycle1.reading_my_odometer ()
mycycle1.incrementing_the_odometer (100)
mycycle1.reading_my_odometer ()


mycycle2 = Cycle ('retro urban', 'Eurobike', 2012, 'el color es
gris')
imprimir (mycycle2.full_name ())
mycycle2.my_update_odometer (10)
mycycle2.reading_my_odometer ()
mycycle2.incrementing_the_odometer (5000)
mycycle2.reading_my_odometer ()
```

mycycle3 = Cycle ('el ciclo es híbrido', 'está hecho por vilano', 2018, 'negro oscuro')

imprimir (mycycle1.full_name ())

mycycle3.reading_my_odometer ()

mycycle3.incrementing_the_odometer (1000)

mycycle3.reading_my_odometer ()

mycycle4 = Cycle ('bicicleta de resistencia', 'tommaso', 2018, 'marrón')

imprimir (mycycle1.full_name ())

mycycle4.reading_my_odometer ()

mycycle4.incrementing_the_odometer (2000)

mycycle4.reading_my_odometer ()

============ REINICIAR: C: \ Users \ saifia computers \ Desktop \ strike game.py ==========

La bicicleta es eléctrica, la bicicleta está fabricada por nova, está fabricada en 2020 y su color es plateado.

El ciclo es híbrido. El ciclo está fabricado por Hiland. Está fabricado en 2015. Su color es azul loco.

El ciclo tiene 15 millas registradas.

El ciclo tiene 115 millas registradas.

La bicicleta es retro urbana. La bicicleta está fabricada por Eurobike. Está fabricada en 2012. Su color es gris.

El ciclo tiene 10 millas registradas.

El ciclo tiene 5010 millas registradas.

El ciclo es híbrido. El ciclo está fabricado por Hiland. Está fabricado en 2015. Su color es azul loco.

El ciclo tiene 50 millas registradas.

El ciclo tiene 1050 millas registradas.

El ciclo es híbrido. El ciclo está fabricado por Hiland. Está fabricado en 2015. Su color es azul loco.

El ciclo tiene 50 millas registradas.

El ciclo tiene 2050 millas registradas.

>>>

Tuve que agregar dos argumentos a la función super (). La primera fue la referencia a la clase secundaria y la segunda fue la referencia al objeto self. Los argumentos son cruciales para ayudar a Python a formar conexiones entre las clases hijo y padre.

Atributos de clase secundaria

Ahora que hemos creado la clase secundaria, podemos pasar a agregar nuevos métodos y atributos que son necesarios para diferenciar la clase principal de la clase secundaria. Ahora agregaré un atributo a la clase ECycle. Agregaré el tamaño de la batería al código.

clase Cycle ():

    def __init__ (self, cname, cmake, cyear, ccolor):
        self.cname = cname

```python
        self.cmake = cmake

        self.cyear = cyear

        self.ccolor = ccolor

        self.odometer_reading = 50


    def nombre_completo (yo):

        fname = "El ciclo es" + self.cname + "." + "el ciclo está
hecho por" + self.cmake + "." + "Está hecho en" + str
(self.cyear) + "." + "su color es" + self.ccolor + "."

        return fname.title ()

    def reading_my_odometer (self):

        print ("El ciclo tiene" + str (self.odometer_reading) +
"millas registradas")

    def my_update_odometer (self, cmileage):

        self.odometer_reading = cmileage


        if cmileage> = self.odometer_reading:

            self.odometer_reading = cmileage
    más:

            print ("Estimado empleado! No puede revertir la lectura
del odómetro").

    def incrementing_the_odometer (self, kilómetros):

        self.odometer_reading + = kilómetros
```

```python
clase ECycle (ciclo):
    def __init__ (self, cname, cmake, cyear, ccolor):
        super (ECycle, self) .__init__ (cname, cmake, cyear,
ccolor)
        self.c_battery_size = 80
    def descripción_batería (yo):
        print ("Este ciclo tiene un" + str (self.c_battery_size) +
"batería kwh.")


mycycle1 = Cycle ('híbrido', 'hiland', 2015, 'azul loco')
imprimir (mycycle1.full_name ())
mycycle1.my_update_odometer (15)
mycycle1.reading_my_odometer ()
mycycle1.incrementing_the_odometer (100)
mycycle1.reading_my_odometer ()


mycycle2 = Cycle ('retro urban', 'Eurobike', 2012, 'el color es
gris')
imprimir (mycycle2.full_name ())
mycycle2.my_update_odometer (10)
mycycle2.reading_my_odometer ()
mycycle2.incrementing_the_odometer (5000)
mycycle2.reading_my_odometer ()
```

```python
mycycle3 = Cycle ('el ciclo es híbrido', 'está hecho por vilano', 2018, 'negro oscuro')
imprimir (mycycle1.full_name ())
mycycle3.reading_my_odometer ()
mycycle3.incrementing_the_odometer (1000)
mycycle3.reading_my_odometer ()


mycycle4 = Cycle ('bicicleta de resistencia', 'tommaso', 2018, 'marrón')
imprimir (mycycle1.full_name ())
mycycle4.reading_my_odometer ()
mycycle4.incrementing_the_odometer (2000)
mycycle4.reading_my_odometer ()


mynova = ECycle ('Bicicleta eléctrica', 'Nova', 2020, 'plata')
imprimir (mynova.full_name ())
mynova.battery_description ()


mynova1 = ECycle ('Bicicleta eléctrica', 'Super Nova', 2010, 'negro')
imprimir (mynova1.full_name ())
mynova1.battery_description ()
```

============ REINICIAR: C: \ Users \ saifia computers \ Desktop \ strike game.py ===========

El ciclo es híbrido. El ciclo está fabricado por Hiland. Está fabricado en 2015. Su color es azul loco.

El ciclo tiene 15 millas registradas.

El ciclo tiene 115 millas registradas.

La bicicleta es retro urbana. La bicicleta está fabricada por Eurobike. Está fabricada en 2012. Su color es gris.

El ciclo tiene 10 millas registradas.

El ciclo tiene 5010 millas registradas.

El ciclo es híbrido. El ciclo está fabricado por Hiland. Está fabricado en 2015. Su color es azul loco.

El ciclo tiene 50 millas registradas.

El ciclo tiene 1050 millas registradas.

El ciclo es híbrido. El ciclo está fabricado por Hiland. Está fabricado en 2015. Su color es azul loco.

El ciclo tiene 50 millas registradas.

El ciclo tiene 2050 millas registradas.

La bicicleta es eléctrica, la bicicleta está fabricada por nova, está fabricada en 2020 y su color es plateado.

Este ciclo tiene una batería de 80 kwh.

La bicicleta es eléctrica. La bicicleta está fabricada por Super Nova. Está fabricada en 2010. Su color es negro.

Este ciclo tiene una batería de 80 kwh.

>>>

Puede especializar la clase infantil tanto como lo necesite. Puede agregar otra función para describir el color de la batería. Vea cómo crear y agregar una función para hacerlo correctamente.

```python
clase Cycle ():

    def __init__ (self, cname, cmake, cyear, ccolor):
        self.cname = cname
        self.cmake = cmake
        self.cyear = cyear
        self.ccolor = ccolor
        self.odometer_reading = 50

    def nombre_completo (yo):
        fname = "El ciclo es" + self.cname + "." + "el ciclo está hecho por" + self.cmake + "." + "Está hecho en" + str (self.cyear) + "." + "su color es" + self.ccolor + "."
        return fname.title ()
    def reading_my_odometer (self):
        print ("El ciclo tiene" + str (self.odometer_reading) + "millas registradas")
    def my_update_odometer (self, cmileage):
        self.odometer_reading = cmileage

        if cmileage> = self.odometer_reading:
```

```python
        self.odometer_reading = cmileage
    más:
        print ("Estimado empleado! No puede revertir la lectura
del odómetro").
    def incrementing_the_odometer (self, kilómetros):
        self.odometer_reading + = kilómetros


clase ECycle (ciclo):
    def __init __ (self, cname, cmake, cyear, ccolor):
        super (ECycle, self) .__ init __ (cname, cmake, cyear,
ccolor)
        self.c_battery_size = 80
        self.c_color = 'blanco'
    def descripción_batería (yo):
        print ("Este ciclo tiene un" + str (self.c_battery_size) +
"batería kwh.")
    def color_bateria (yo):
        print ("La batería de este ciclo es de" + self.c_color +
"color.")


mycycle1 = Cycle ('híbrido', 'hiland', 2015, 'azul loco')
imprimir (mycycle1.full_name ())
mycycle1.my_update_odometer (15)
mycycle1.reading_my_odometer ()
```

```python
mycycle1.incrementing_the_odometer (100)
mycycle1.reading_my_odometer ()


mycycle2 = Cycle ('retro urban', 'Eurobike', 2012, 'el color es
gris')
imprimir (mycycle2.full_name ())
mycycle2.my_update_odometer (10)
mycycle2.reading_my_odometer ()
mycycle2.incrementing_the_odometer (5000)
mycycle2.reading_my_odometer ()


mycycle3 = Cycle ('el ciclo es híbrido', 'está hechó por vilano',
2018, 'negro oscuro')
imprimir (mycycle1.full_name ())
mycycle3.reading_my_odometer ()
mycycle3.incrementing_the_odometer (1000)
mycycle3.reading_my_odometer ()


mycycle4 = Cycle ('bicicleta de resistencia', 'tommaso', 2018,
'marrón')
imprimir (mycycle1.full_name ())
mycycle4.reading_my_odometer ()
mycycle4.incrementing_the_odometer (2000)
mycycle4.reading_my_odometer ()
```

```python
mynova = ECycle ('Bicicleta eléctrica', 'Nova', 2020, 'plata')
imprimir (mynova.full_name ())
mynova.battery_description ()
mynova.battery_color ()


mynova1 = ECycle ('Bicicleta eléctrica', 'Super Nova', 2010,
'negro')
imprimir (mynova1.full_name ())
mynova1.battery_description ()
mynova1.battery_color ()
```

============ REINICIAR: C: \ Users \ saifia computers \ Desktop \ strike game.py ==========

El ciclo es híbrido. El ciclo está fabricado por Hiland. Está fabricado en 2015. Su color es azul loco.

El ciclo tiene 15 millas registradas.

El ciclo tiene 115 millas registradas.

La bicicleta es retro urbana. La bicicleta está fabricada por Eurobike. Está fabricada en 2012. Su color es gris.

El ciclo tiene 10 millas registradas.

El ciclo tiene 5010 millas registradas.

El ciclo es híbrido. El ciclo está fabricado por Hiland. Está fabricado en 2015. Su color es azul loco.

El ciclo tiene 50 millas registradas.

El ciclo tiene 1050 millas registradas.

El ciclo es híbrido. El ciclo está fabricado por Hiland. Está fabricado en 2015. Su color es azul loco.

El ciclo tiene 50 millas registradas.

El ciclo tiene 2050 millas registradas.

La bicicleta es eléctrica, la bicicleta está fabricada por nova, está fabricada en 2020 y su color es plateado.

Este ciclo tiene una batería de 80 kwh.

La batería de este ciclo es de color blanco.

La bicicleta es eléctrica. La bicicleta está fabricada por Super Nova. Está fabricada en 2010. Su color es negro.

Este ciclo tiene una batería de 80 kwh.

La batería de este ciclo es de color blanco.

>>>

Anular los métodos de la clase principal

El niño generalmente toma todos los atributos de la clase principal. He agregado todos los atributos de la clase principal a la instancia de la clase secundaria, pero podemos anularlos sin eliminar los métodos de la clase principal. En primer lugar, eche un vistazo al siguiente código que contiene los atributos de la clase principal.

```
clase Cycle ():

    def __init __ (self, cname, cmake, cyear, ccolor):
```

```python
        self.cname = cname
        self.cmake = cmake
        self.cyear = cyear
        self.ccolor = ccolor
        self.odometer_reading = 50


    def nombre_completo (yo):
        fname = "El ciclo es" + self.cname + "." + "el ciclo está
hecho por" + self.cmake + "." + "Está hecho en" + str
(self.cyear) + "." + "su color es" + self.ccolor + "."
        return fname.title ()
    def reading_my_odometer (self):
        print ("El ciclo tiene" + str (self.odometer_reading) +
"millas registradas")
    def my_update_odometer (self, cmileage):
        self.odometer_reading = cmileage


        if cmileage> = self.odometer_reading:
            self.odometer_reading = cmileage
        más:
            print ("Estimado empleado! No puede revertir la lectura
del odómetro").
    def incrementing_the_odometer (self, kilómetros):
        self.odometer_reading + = kilómetros
```

```python
clase ECycle (ciclo):
    def __init__ (self, cname, cmake, cyear, ccolor):
        super (ECycle, self) .__ init __ (cname, cmake, cyear,
ccolor)
        self.c_battery_size = 80
        self.c_color = 'blanco'
    def descripción_batería (yo):
        print ("Este ciclo tiene un" + str (self.c_battery_size) +
"batería kwh.")
    def color_bateria (yo):
        print ("La batería de este ciclo es de" + self.c_color +
"color.")


mycycle1 = Cycle ('híbrido', 'hiland', 2015, 'azul loco')
imprimir (mycycle1.full_name ())
mycycle1.my_update_odometer (15)
mycycle1.reading_my_odometer ()
mycycle1.incrementing_the_odometer (100)
mycycle1.reading_my_odometer ()


mycycle2 = Cycle ('retro urban', 'Eurobike', 2012, 'el color es
gris')
imprimir (mycycle2.full_name ())
```

```python
mycycle2.my_update_odometer (10)
mycycle2.reading_my_odometer ()
mycycle2.incrementing_the_odometer (5000)
mycycle2.reading_my_odometer ()


mycycle3 = Cycle ('el ciclo es híbrido', 'está hecho por vilano', 2018, 'negro oscuro')
imprimir (mycycle1.full_name ())
mycycle3.reading_my_odometer ()
mycycle3.incrementing_the_odometer (1000)
mycycle3.reading_my_odometer ()


mycycle4 = Cycle ('bicicleta de resistencia', 'tommaso', 2018, 'marrón')
imprimir (mycycle1.full_name ())
mycycle4.reading_my_odometer ()
mycycle4.incrementing_the_odometer (2000)
mycycle4.reading_my_odometer ()


mynova = ECycle ('Bicicleta eléctrica', 'Nova', 2020, 'plata')
imprimir (mynova.full_name ())
mynova.my_update_odometer (15)
mynova.reading_my_odometer ()
mynova.incrementing_the_odometer (100)
```

```
mynova.reading_my_odometer ()

mynova.battery_description ()

mynova.battery_color ()


mynova1 = ECycle ('Bicicleta eléctrica', 'Super Nova', 2010,
'negro')

imprimir (mynova1.full_name ())

mynova1.my_update_odometer (15)

mynova1.reading_my_odometer ()

mynova1.incrementing_the_odometer (100)

mynova1.reading_my_odometer ()

mynova1.battery_description ()

mynova1.battery_color ()
```

============ REINICIAR: C: \ Users \ saifia computers \ Desktop \ strike game.py ==========

El ciclo es híbrido. El ciclo está fabricado por Hiland. Está fabricado en 2015. Su color es azul loco.

El ciclo tiene 15 millas registradas.

El ciclo tiene 115 millas registradas.

La bicicleta es retro urbana. La bicicleta está fabricada por Eurobike. Está fabricada en 2012. Su color es gris.

El ciclo tiene 10 millas registradas.

El ciclo tiene 5010 millas registradas.

El ciclo es híbrido. El ciclo está fabricado por Hiland. Está fabricado en 2015. Su color es azul loco.

El ciclo tiene 50 millas registradas.

El ciclo tiene 1050 millas registradas.

El ciclo es híbrido. El ciclo está fabricado por Hiland. Está fabricado en 2015. Su color es azul loco.

El ciclo tiene 50 millas registradas.

El ciclo tiene 2050 millas registradas.

La bicicleta es eléctrica, la bicicleta está fabricada por nova, está fabricada en 2020 y su color es plateado.

El ciclo tiene 15 millas registradas.

El ciclo tiene 115 millas registradas.

Este ciclo tiene una batería de 80 kwh.

La batería de este ciclo es de color blanco.

La bicicleta es eléctrica. La bicicleta está fabricada por Super Nova. Está fabricada en 2010. Su color es negro.

El ciclo tiene 15 millas registradas.

El ciclo tiene 115 millas registradas.

Este ciclo tiene una batería de 80 kwh.

La batería de este ciclo es de color blanco.

>>>

Ahora anularé los métodos de la clase principal en el siguiente código.

clase Cycle ():

```python
    def __init__ (self, cname, cmake, cyear, ccolor):
        self.cname = cname
        self.cmake = cmake
        self.cyear = cyear
        self.ccolor = ccolor
        self.odometer_reading = 50


    def nombre_completo (yo):
        fname = "El ciclo es" + self.cname + "." + "el ciclo está
hecho por" + self.cmake + "." + "Está hecho en" + str
(self.cyear) + "." + "su color es" + self.ccolor + "."
        return fname.title ()
    def reading_my_odometer (self):
        print ("El ciclo tiene" + str (self.odometer_reading) +
"millas registradas")
    def my_update_odometer (self, cmileage):
        self.odometer_reading = cmileage


        if cmileage> = self.odometer_reading:
            self.odometer_reading = cmileage
        más:
        print ("Estimado empleado! No puede revertir la lectura
del odómetro").
```

```python
    def incrementing_the_odometer (self, kilómetros):
        self.odometer_reading + = kilómetros

clase ECycle (ciclo):
    def __init __ (self, cname, cmake, cyear, ccolor):
        super (ECycle, self) .__ init __ (cname, cmake, cyear,
ccolor)
        self.c_battery_size = 80
        self.c_color = 'blanco'
    def descripción_batería (yo):
        print ("Este ciclo tiene un" + str (self.c_battery_size) +
"batería kwh.")
    def color_bateria (yo):
        print ("La batería de este ciclo es de" + self.c_color +
"color.")
    def reading_my_odometer (self):
        print ("Este ciclo carece de odómetro").


mycycle1 = Cycle ('híbrido', 'hiland', 2015, 'azul loco')
imprimir (mycycle1.full_name ())
mycycle1.my_update_odometer (15)
mycycle1.incrementing_the_odometer (100)
mycycle1.reading_my_odometer ()
```

```python
mycycle2 = Cycle ('retro urban', 'Eurobike', 2012, 'el color es
gris')
imprimir (mycycle2.full_name ())
mycycle2.my_update_odometer (10)
mycycle2.incrementing_the_odometer (5000)
mycycle2.reading_my_odometer ()


mycycle3 = Cycle ('el ciclo es híbrido', 'está hecho por vilano',
2018, 'negro oscuro')
imprimir (mycycle1.full_name ())
mycycle3.incrementing_the_odometer (1000)
mycycle3.reading_my_odometer ()


mycycle4 = Cycle ('bicicleta de resistencia', 'tommaso', 2018,
'marrón')
imprimir (mycycle1.full_name ())
mycycle4.incrementing_the_odometer (2000)
mycycle4.reading_my_odometer ()


mynova = ECycle ('Bicicleta eléctrica', 'Nova', 2020, 'plata')
imprimir (mynova.full_name ())
mynova.my_update_odometer (15)
mynova.incrementing_the_odometer (100)
mynova.reading_my_odometer ()
```

mynova.battery_description ()

mynova.battery_color ()

mynova1 = ECycle ('Bicicleta eléctrica', 'Super Nova', 2010, 'negro')

imprimir (mynova1.full_name ())

mynova1.my_update_odometer (15)

mynova1.incrementing_the_odometer (100)

mynova1.reading_my_odometer ()

mynova1.battery_description ()

mynova1.battery_color ()

============ REINICIAR: C: \ Users \ saifia computers \ Desktop \ strike game.py ===========

El ciclo es híbrido. El ciclo está fabricado por Hiland. Está fabricado en 2015. Su color es azul loco.

El ciclo tiene 115 millas registradas.

La bicicleta es retro urbana. La bicicleta está fabricada por Eurobike. Está fabricada en 2012. Su color es gris.

El ciclo tiene 5010 millas registradas.

El ciclo es híbrido. El ciclo está fabricado por Hiland. Está fabricado en 2015. Su color es azul loco.

El ciclo tiene 1050 millas registradas.

El ciclo es híbrido. El ciclo está fabricado por Hiland. Está fabricado en 2015. Su color es azul loco.

El ciclo tiene 2050 millas registradas.

La bicicleta es eléctrica, la bicicleta está fabricada por nova, está fabricada en 2020 y su color es plateado.

Este ciclo carece de odómetro.

Este ciclo tiene una batería de 80 kwh.

La batería de este ciclo es de color blanco.

La bicicleta es eléctrica. La bicicleta está fabricada por Super Nova. Está fabricada en 2010. Su color es negro.

Este ciclo carece de odómetro.

Este ciclo tiene una batería de 80 kwh.

La batería de este ciclo es de color blanco.

>>>

La batería se puede convertir en una clase separada en el código para evitar escribir muchas instancias en el código. Hará que el código sea limpio, legible y breve. Más detalles agregan desorden al código incorrecto cuando tiene que leer el código en una etapa posterior. Crearé una clase separada para la batería del ciclo electrónico. Así es como no tiene que crear métodos para baterías y agregar atributos.

```
clase Cycle ():


    def __init__ (self, cname, cmake, cyear, ccolor):
        self.cname = cname
        self.cmake = cmake
        self.cyear = cyear
```

```
        self.ccolor = ccolor
        self.odometer_reading = 50


    def nombre_completo (yo):
        fname = "El ciclo es" + self.cname + "." + "el ciclo está
hecho por" + self.cmake + "." + "Está hecho en" + str
(self.cyear) + "." + "su color es" + self.ccolor + "."
        return fname.title ()
    def reading_my_odometer (self):
        print ("El ciclo tiene" + str (self.odometer_reading) +
"millas registradas")
    def my_update_odometer (self, cmileage):
        self.odometer_reading = cmileage


        if cmileage> = self.odometer_reading:
            self.odometer_reading = cmileage
        más:
            print ("Estimado empleado! No puede revertir la lectura
del odómetro").
    def incrementing_the_odometer (self, kilómetros):
        self.odometer_reading + = kilómetros


clase Batería ():
    def __init__ (self, c_battery_size = 80, c_color = 'blanco'):
```

```python
        self.c_battery_size = c_battery_size
        self.c_color = c_color
    def descripción_batería (yo):
        print ("Este ciclo tiene un" + str (self.c_battery_size) +
"batería kwh.")
    def color_bateria (yo):
        print ("La batería de este ciclo es de" + self.c_color +
"color.")


clase ECycle (ciclo):
    def __init __ (self, cname, cmake, cyear, ccolor):
        super (ECycle, self) .__ init __ (cname, cmake, cyear,
ccolor)
        self.battery = Batería ()


mycycle1 = Cycle ('híbrido', 'hiland', 2015, 'azul loco')
imprimir (mycycle1.full_name ())
mycycle1.my_update_odometer (15)
mycycle1.incrementing_the_odometer (100)
mycycle1.reading_my_odometer ()


mycycle2 = Cycle ('retro urban', 'Eurobike', 2012, 'el color es
gris')
imprimir (mycycle2.full_name ())
```

```python
mycycle2.my_update_odometer (10)

mycycle2.incrementing_the_odometer (5000)

mycycle2.reading_my_odometer ()


mycycle3 = Cycle ('el ciclo es híbrido', 'está hecho por vilano',
2018, 'negro oscuro')

imprimir (mycycle1.full_name ())

mycycle3.incrementing_the_odometer (1000)

mycycle3.reading_my_odometer ()


mycycle4 = Cycle ('bicicleta de resistencia', 'tommaso', 2018,
'marrón')

imprimir (mycycle1.full_name ())

mycycle4.incrementing_the_odometer (2000)

mycycle4.reading_my_odometer ()


mynova = ECycle ('Bicicleta eléctrica', 'Nova', 2020, 'plata')

imprimir (mynova.full_name ())

mynova.my_update_odometer (15)

mynova.incrementing_the_odometer (100)

mynova.reading_my_odometer ()

mynova.battery.battery_description ()

mynova.battery.battery_color ()
```

```python
mynova1 = ECycle ('Bicicleta eléctrica', 'Super Nova', 2010, 'negro')

imprimir (mynova1.full_name ())

mynova1.my_update_odometer (15)

mynova1.incrementing_the_odometer (100)

mynova1.reading_my_odometer ()

mynova1.battery.battery_color ()
```

=========== REINICIAR: C: \ Users \ saifia computers \ Desktop \ strike game.py ===========

El ciclo es híbrido. El ciclo está fabricado por Hiland. Está fabricado en 2015. Su color es azul loco.

El ciclo tiene 115 millas registradas.

La bicicleta es retro urbana. La bicicleta está fabricada por Eurobike. Está fabricada en 2012. Su color es gris.

El ciclo tiene 5010 millas registradas.

El ciclo es híbrido. El ciclo está fabricado por Hiland. Está fabricado en 2015. Su color es azul loco.

El ciclo tiene 1050 millas registradas.

El ciclo es híbrido. El ciclo está fabricado por Hiland. Está fabricado en 2015. Su color es azul loco.

El ciclo tiene 2050 millas registradas.

La bicicleta es eléctrica, la bicicleta está fabricada por nova, está fabricada en 2020 y su color es plateado.

El ciclo tiene 115 millas registradas.

Este ciclo tiene una batería de 80 kwh.

La batería de este ciclo es de color blanco.

La bicicleta es eléctrica. La bicicleta está fabricada por Super Nova. Está fabricada en 2010. Su color es negro.

El ciclo tiene 115 millas registradas.

La batería de este ciclo es de color blanco.

>>>

Importar clases de Python

Puede ver que a medida que agregué más líneas de código al programa, el archivo se hizo más largo. Actualmente es largo hasta el punto de que es difícil de leer y comprender. Debe mantener el código lo más ordenado posible para que sea legible. Los módulos de Python nos ayudan a cumplir este propósito. Estos módulos le permiten almacenar las clases dentro de los módulos y luego importar las mismas al programa cuando las necesite.

Importación de clases

No crearé un módulo para la clase Cycle. Tienes que nombrarlo y almacenarlo en tu sistema operativo. Cortaré la clase Cycle del programa y la almacenaré en un archivo llamado cycle.py. La parte del código que se menciona a continuación se almacenará en un archivo separado.

    clase Cycle ():

        def __init__ (self, cname, cmake, cyear, ccolor):

```python
        self.cname = cname
        self.cmake = cmake
        self.cyear = cyear
        self.ccolor = ccolor
        self.odometer_reading = 50


    def nombre_completo (yo):
        fname = "El ciclo es" + self.cname + "." + "el ciclo está
hecho por" + self.cmake + "." + "Está hecho en" + str
(self.cyear) + "." + "su color es" + self.ccolor + "."
        return fname.title ()
    def reading_my_odometer (self):
        print ("El ciclo tiene" + str (self.odometer_reading) +
"millas registradas")
    def my_update_odometer (self, cmileage):
        self.odometer_reading = cmileage


        if cmileage> = self.odometer_reading:
            self.odometer_reading = cmileage
        más:
            print ("Estimado empleado! No puede revertir la lectura
del odómetro").
    def incrementing_the_odometer (self, kilómetros):
        self.odometer_reading + = kilómetros
```

Ahora estoy creando un archivo separado para importar la clase Cycle y agregar instancias.

del ciclo de importación Ciclo

```
mycycle1 = Cycle ('híbrido', 'hiland', 2015, 'azul loco')
imprimir (mycycle1.full_name ())
mycycle1.my_update_odometer (15)
mycycle1.incrementing_the_odometer (100)
mycycle1.reading_my_odometer ()


mycycle2 = Cycle ('retro urban', 'Eurobike', 2012, 'el color es gris')
imprimir (mycycle2.full_name ())
mycycle2.my_update_odometer (10)
mycycle2.incrementing_the_odometer (5000)
mycycle2.reading_my_odometer ()


mycycle3 = Cycle ('el ciclo es híbrido', 'está hecho por vilano', 2018, 'negro oscuro')
imprimir (mycycle1.full_name ())
mycycle3.incrementing_the_odometer (1000)
mycycle3.reading_my_odometer ()
```

mycycle4 = Cycle ('bicicleta de resistencia', 'tommaso', 2018, 'marrón')

imprimir (mycycle1.full_name ())

mycycle4.incrementing_the_odometer (2000)

mycycle4.reading_my_odometer ()

=============== REINICIAR: C: / Usuarios / computadoras saifia / Desktop / cycle1.py ===============

El ciclo es híbrido. El ciclo está fabricado por Hiland. Está fabricado en 2015. Su color es azul loco.

El ciclo tiene 115 millas registradas.

La bicicleta es retro urbana. La bicicleta está fabricada por Eurobike. Está fabricada en 2012. Su color es gris.

El ciclo tiene 5010 millas registradas.

El ciclo es híbrido. El ciclo está fabricado por Hiland. Está fabricado en 2015. Su color es azul loco.

El ciclo tiene 1050 millas registradas.

El ciclo es híbrido. El ciclo está fabricado por Hiland. Está fabricado en 2015. Su color es azul loco.

El ciclo tiene 2050 millas registradas.

>>>

La declaración de importación le dice a Python que elija el código del módulo de ciclo. Importa el código y lo aplica a las instancias que acabo de agregar al nuevo archivo. Debe asegurarse de que los dos módulos estén almacenados en el mismo directorio. No habrá diferencia en la salida. Puede ver que el programa se ha ordenado. El código ahora es más corto que sus versiones anteriores. No habrá ningún efecto en la funcionalidad del código cuando importe las clases.

Puede almacenar más de una clase dentro de un solo módulo. Ahora agregaré otra clase al módulo. Vea la siguiente parte que ahora se agregará al módulo.

```python
clase Cycle ():

    def __init__ (self, cname, cmake, cyear, ccolor):
        self.cname = cname
        self.cmake = cmake
        self.cyear = cyear
        self.ccolor = ccolor
        self.odometer_reading = 50

    def nombre_completo (yo):
        fname = "El ciclo es" + self.cname + "." + "el ciclo está
hecho por" + self.cmake + "." + "Está hecho en" + str
(self.cyear) + "." + "su color es" + self.ccolor + "."
        return fname.title ()
    def reading_my_odometer (self):
        print ("El ciclo tiene" + str (self.odometer_reading) +
"millas registradas")
    def my_update_odometer (self, cmileage):
```

        self.odometer_reading = cmileage

    if cmileage> = self.odometer_reading:
        self.odometer_reading = cmileage
    más:
        print ("Estimado empleado! No puede revertir la lectura
del odómetro").
    def incrementing_the_odometer (self, kilómetros):
        self.odometer_reading + = kilómetros

clase Batería ():
    def __init __ (self, c_battery_size = 80, c_color = 'blanco'):
        self.c_battery_size = c_battery_size
        self.c_color = c_color
    def descripción_batería (yo):
        print ("Este ciclo tiene un" + str (self.c_battery_size) +
"batería kwh.")
    def color_bateria (yo):
        print ("La batería de este ciclo es de" + self.c_color +
"color.")

clase ECycle (ciclo):
    def __init __ (self, cname, cmake, cyear, ccolor):

```python
        super (ECycle, self) .__ init __ (cname, cmake, cyear,
ccolor)
        self.battery = Batería ()
```

No importaré las clases almacenadas ni agregaré instancias en un archivo separado.

desde el ciclo de importación ECycle

```python
mynova = ECycle ('Bicicleta eléctrica', 'Nova', 2020, 'plata')
imprimir (mynova.full_name ())
mynova.my_update_odometer (15)
mynova.incrementing_the_odometer (100)
mynova.reading_my_odometer ()
mynova.battery.battery_description ()
mynova.battery.battery_color ()


mynova1 = ECycle ('Bicicleta eléctrica', 'Super Nova', 2010,
'negro')
imprimir (mynova1.full_name ())
mynova1.my_update_odometer (15)
mynova1.incrementing_the_odometer (100)
mynova1.reading_my_odometer ()
mynova1.battery.battery_color ()
```

============== REINICIAR: C: / Usuarios / computadoras saifia / Desktop / cycle1.py ==============

La bicicleta es eléctrica, la bicicleta está fabricada por nova, está fabricada en 2020 y su color es plateado.

El ciclo tiene 115 millas registradas.

Este ciclo tiene una batería de 80 kwh.

La batería de este ciclo es de color blanco.

La bicicleta es eléctrica. La bicicleta está fabricada por Super Nova. Está fabricada en 2010. Su color es negro.

El ciclo tiene 115 millas registradas.

La batería de este ciclo es de color blanco.

>>>

Importar dos clases

Cuando haya almacenado más de una clase en un módulo, puede usarlas al mismo tiempo. Importaré dos clases esta vez y agregaré instancias para crear objetos.

```
del ciclo de importación Ciclo
desde el ciclo de importación ECycle

mycycle1 = Cycle ('híbrido', 'hiland', 2015, 'azul loco')
imprimir (mycycle1.full_name ())
mycycle1.my_update_odometer (15)
mycycle1.incrementing_the_odometer (100)
mycycle1.reading_my_odometer ()
```

```
mycycle2 = Cycle ('retro urban', 'Eurobike', 2012, 'el color es
gris')
imprimir (mycycle2.full_name ())
mycycle2.my_update_odometer (10)
mycycle2.incrementing_the_odometer (5000)
mycycle2.reading_my_odometer ()


mycycle3 = Cycle ('el ciclo es híbrido', 'está hecho por vilano',
2018, 'negro oscuro')
imprimir (mycycle1.full_name ())
mycycle3.incrementing_the_odometer (1000)
mycycle3.reading_my_odometer ()


mycycle4 = Cycle ('bicicleta de resistencia', 'tommaso', 2018,
'marrón')
imprimir (mycycle1.full_name ())
mycycle4.incrementing_the_odometer (2000)
mycycle4.reading_my_odometer ()


mynova = ECycle ('Bicicleta eléctrica', 'Nova', 2020, 'plata')
imprimir (mynova.full_name ())
mynova.my_update_odometer (15)
mynova.incrementing_the_odometer (100)
mynova.reading_my_odometer ()
```

mynova.battery.battery_description ()

mynova.battery.battery_color ()

mynova1 = ECycle ('Bicicleta eléctrica', 'Super Nova', 2010, 'negro')

imprimir (mynova1.full_name ())

mynova1.my_update_odometer (15)

mynova1.incrementing_the_odometer (100)

mynova1.reading_my_odometer ()

mynova1.battery.battery_color ()

============== REINICIAR: C: / Usuarios / computadoras saifia / Desktop / cycle1.py ==============

El ciclo es híbrido. El ciclo está fabricado por Hiland. Está fabricado en 2015. Su color es azul loco.

El ciclo tiene 115 millas registradas.

La bicicleta es retro urbana. La bicicleta está fabricada por Eurobike. Está fabricada en 2012. Su color es gris.

El ciclo tiene 5010 millas registradas.

El ciclo es híbrido. El ciclo está fabricado por Hiland. Está fabricado en 2015. Su color es azul loco.

El ciclo tiene 1050 millas registradas.

El ciclo es híbrido. El ciclo está fabricado por Hiland. Está fabricado en 2015. Su color es azul loco.

El ciclo tiene 2050 millas registradas.

La bicicleta es eléctrica, la bicicleta está fabricada por nova, está fabricada en 2020 y su color es plateado.

El ciclo tiene 115 millas registradas.

Este ciclo tiene una batería de 80 kwh.

La batería de este ciclo es de color blanco.

La bicicleta es eléctrica. La bicicleta está fabricada por Super Nova. Está fabricada en 2010. Su color es negro.

El ciclo tiene 115 millas registradas.

La batería de este ciclo es de color blanco.

>>>

Existe otro método para importar varias clases del módulo. Vea el siguiente ejemplo.

desde el ciclo de importación Ciclo, Batería, ECycle


```
mycycle1 = Cycle ('híbrido', 'hiland', 2015, 'azul loco')
imprimir (mycycle1.full_name ())
mycycle1.my_update_odometer (15)
mycycle1.incrementing_the_odometer (100)
mycycle1.reading_my_odometer ()


mycycle2 = Cycle ('retro urban', 'Eurobike', 2012, 'el color es gris')
imprimir (mycycle2.full_name ())
mycycle2.my_update_odometer (10)
```

```python
mycycle2.incrementing_the_odometer (5000)
mycycle2.reading_my_odometer ()


mycycle3 = Cycle ('el ciclo es híbrido', 'está hecho por vilano',
2018, 'negro oscuro')
imprimir (mycycle1.full_name ())
mycycle3.incrementing_the_odometer (1000)
mycycle3.reading_my_odometer ()


mycycle4 = Cycle ('bicicleta de resistencia', 'tommaso', 2018,
'marrón')
imprimir (mycycle1.full_name ())
mycycle4.incrementing_the_odometer (2000)
mycycle4.reading_my_odometer ()


mynova = ECycle ('Bicicleta eléctrica', 'Nova', 2020, 'plata')
imprimir (mynova.full_name ())
mynova.my_update_odometer (15)
mynova.incrementing_the_odometer (100)
mynova.reading_my_odometer ()
mynova.battery.battery_description ()
mynova.battery.battery_color ()
```

mynova1 = ECycle ('Bicicleta eléctrica', 'Super Nova', 2010, 'negro')

imprimir (mynova1.full_name ())

mynova1.my_update_odometer (15)

mynova1.incrementing_the_odometer (100)

mynova1.reading_my_odometer ()

mynova1.battery.battery_color ()

============== REINICIAR: C: / Usuarios / computadoras saifia / Desktop / cycle1.py ==============

El ciclo es híbrido. El ciclo está fabricado por Hiland. Está fabricado en 2015. Su color es azul loco.

El ciclo tiene 115 millas registradas.

La bicicleta es retro urbana. La bicicleta está fabricada por Eurobike. Está fabricada en 2012. Su color es gris.

El ciclo tiene 5010 millas registradas.

El ciclo es híbrido. El ciclo está fabricado por Hiland. Está fabricado en 2015. Su color es azul loco.

El ciclo tiene 1050 millas registradas.

El ciclo es híbrido. El ciclo está fabricado por Hiland. Está fabricado en 2015. Su color es azul loco.

El ciclo tiene 2050 millas registradas.

La bicicleta es eléctrica, la bicicleta está fabricada por nova, está fabricada en 2020 y su color es plateado.

El ciclo tiene 115 millas registradas.

Este ciclo tiene una batería de 80 kwh.

La batería de este ciclo es de color blanco.

La bicicleta es eléctrica. La bicicleta está fabricada por Super Nova. Está fabricada en 2010. Su color es negro.

El ciclo tiene 115 millas registradas.

La batería de este ciclo es de color blanco.

>>>

Este código ahora contiene las tres clases que se han importado desde el módulo, a saber, cycle.py. Como había tres clases en el módulo, podríamos importar el módulo completo en lugar de importar los tres uno por uno. Si tiene que usar todas las clases de un módulo, puede importar el módulo completo y hará el mismo trabajo que hizo la importación de clases individuales. En lugar de escribir los nombres de las clases, agregaré un * en su lugar.

desde la importación de ciclo *

mycycle1 = Cycle ('híbrido', 'hiland', 2015, 'azul loco')

imprimir (mycycle1.full_name ())

mycycle1.my_update_odometer (15)

mycycle1.incrementing_the_odometer (100)

mycycle1.reading_my_odometer ()

mycycle2 = Cycle ('retro urban', 'Eurobike', 2012, 'el color es gris')

```python
imprimir (mycycle2.full_name ())
mycycle2.my_update_odometer (10)
mycycle2.incrementing_the_odometer (5000)
mycycle2.reading_my_odometer ()


mycycle3 = Cycle ('el ciclo es híbrido', 'está hecho por vilano',
2018, 'negro oscuro')
imprimir (mycycle1.full_name ())
mycycle3.incrementing_the_odometer (1000)
mycycle3.reading_my_odometer ()


mycycle4 = Cycle ('bicicleta de resistencia', 'tommaso', 2018,
'marrón')
imprimir (mycycle1.full_name ())
mycycle4.incrementing_the_odometer (2000)
mycycle4.reading_my_odometer ()


mynova = ECycle ('Bicicleta eléctrica', 'Nova', 2020, 'plata')
imprimir (mynova.full_name ())
mynova.my_update_odometer (15)
mynova.incrementing_the_odometer (100)
mynova.reading_my_odometer ()
mynova.battery.battery_description ()
mynova.battery.battery_color ()
```

mynova1 = ECycle ('Bicicleta eléctrica', 'Super Nova', 2010, 'negro')

imprimir (mynova1.full_name ())

mynova1.my_update_odometer (15)

mynova1.incrementing_the_odometer (100)

mynova1.reading_my_odometer ()

mynova1.battery.battery_color ()

============== REINICIAR: C: / Usuarios / computadoras saifia / Desktop / cycle1.py ==============

El ciclo es híbrido. El ciclo está fabricado por Hiland. Está fabricado en 2015. Su color es azul loco.

El ciclo tiene 115 millas registradas.

La bicicleta es retro urbana. La bicicleta está fabricada por Eurobike. Está fabricada en 2012. Su color es gris.

El ciclo tiene 5010 millas registradas.

El ciclo es híbrido. El ciclo está fabricado por Hiland. Está fabricado en 2015. Su color es azul loco.

El ciclo tiene 1050 millas registradas.

El ciclo es híbrido. El ciclo está fabricado por Hiland. Está fabricado en 2015. Su color es azul loco.

El ciclo tiene 2050 millas registradas.

La bicicleta es eléctrica, la bicicleta está fabricada por nova, está fabricada en 2020 y su color es plateado.

El ciclo tiene 115 millas registradas.

Este ciclo tiene una batería de 80 kwh.

La batería de este ciclo es de color blanco.

La bicicleta es eléctrica. La bicicleta está fabricada por Super Nova. Está fabricada en 2010. Su color es negro.

El ciclo tiene 115 millas registradas.

La batería de este ciclo es de color blanco.

>>>

Capítulo Ocho

Muestras del programa Python

Muestra 1: Calculadora de Python

Este programa de Python está diseñado para crear una calculadora simple

# Esta es la función para la suma de dos números
def agregando (num_1, num_2):
    devuelve num_1 + num_2

# Esta es la función para la resta de dos números
def restando (num_1, num_2):
    devolver num_1 - num_2

# Esta es la función para la multiplicación de dos números
def multiplicando (num_1, num_2):
    devuelve num_1 * num_2

Esta es la función para la división de dos números

```
def dividiendo (num_1, num_2):
    devolver num_1 / num_2

print ("Tienes que seleccionar la operación que prefieras").
print ("1. Suma de números")
print ("2. Resta de números")
print ("3. Multiplicación de números")
print ("4. División de números")

# Esto tomará la entrada de un usuario
selection = int (input ("Tienes que seleccionar las operaciones
de los siguientes números 1, 2, 3, 4:"))

num1 = int (input ("Tienes que ingresar el primer número:"))
num2 = int (input ("Tienes que ingresar el segundo número:"))

si seleccion == 1:
    print (num1, "+", num2, "=",
            sumando (num1, num2))

selección elif == 2:
    print (num1, "-", num2, "=",
            restando (num1, num2))
```

selección elif == 3:

   print (num1, "*", num2, "=",

        multiplicar (num1, num2))

selección elif == 4:

   print (num1, "/", num2, "=",

        dividiendo (num1, num2))

más:

   imprimir ("Entrada no válida en la pantalla")

= REINICIAR: C: / Usuarios / computadoras saifia / Escritorio / strike game.py

Tienes que seleccionar la operación que prefieras.

1. Suma de números.

2. Resta de números.

3. Multiplicación de números.

4. División de números.

Tiene que seleccionar las operaciones entre los siguientes números 1, 2, 3, 4: 1

Debes ingresar el primer número: 67890

Debes ingresar el segundo número: 67889

67890 + 67889 = 135779

>>>

= REINICIAR: C: / Usuarios / computadoras saifia / Escritorio / strike game.py

Tienes que seleccionar la operación que prefieras.

1. Suma de números.

2. Resta de números.

3. Multiplicación de números.

4. División de números.

Tiene que seleccionar las operaciones entre los siguientes números 1, 2, 3, 4: 2

Debes ingresar el primer número: 50000

Debes ingresar el segundo número: 5678

50000 - 5678 = 44322

>>>

= REINICIAR: C: / Usuarios / computadoras saifia / Escritorio / strike game.py

Tienes que seleccionar la operación que prefieras.

1. Suma de números.

2. Resta de números.

3. Multiplicación de números.

4. División de números.

Tiene que seleccionar las operaciones entre los siguientes números 1, 2, 3, 4: 2

>Debes ingresar el primer número: 5678

>Debes ingresar el segundo número: 90000

>5678 - 90000 = -84322

>>>>

>= REINICIAR: C: / Usuarios / computadoras saifia / Escritorio / strike game.py

Tienes que seleccionar la operación que prefieras.

1. Suma de números.

2. Resta de números.

3. Multiplicación de números.

4. División de números.

Tiene que seleccionar las operaciones de los siguientes números 1, 2, 3, 4: 3

>Debes ingresar el primer número: 5678

>Debes ingresar el segundo número: 987

>5678 * 987 = 5604186

>>>>

= REINICIAR: C: / Usuarios / computadoras saifia / Escritorio / strike game.py

Tienes que seleccionar la operación que prefieras.

1. Suma de números.

2. Resta de números.

3. Multiplicación de números.

4. División de números.

Tiene que seleccionar las operaciones entre los siguientes números 1, 2, 3, 4: 7000

Debes ingresar el primer número: 7000

Debes ingresar el segundo número: 6789

Entrada no válida en la pantalla

>>>

= REINICIAR: C: / Usuarios / computadoras saifia / Escritorio / strike game.py

Tienes que seleccionar la operación que prefieras.

1. Suma de números.

2. Resta de números.

3. Multiplicación de números.

4. División de números.

Tiene que seleccionar las operaciones de los siguientes números 1, 2, 3, 4: 4

Debes ingresar el primer número: 780098

Debes ingresar el segundo número: 678

780098/678 = 1150.5870206489676

>>>

= REINICIAR: C: / Usuarios / computadoras saifia / Escritorio / strike game.py

Tienes que seleccionar la operación que prefieras.

1. Suma de números.

2. Resta de números.

3. Multiplicación de números.

4. División de números.

Tiene que seleccionar las operaciones entre los siguientes números 1, 2, 3, 4: 5

Debes ingresar el primer número: 34567

Debes ingresar el segundo número: 6677

Entrada no válida en la pantalla

>>>

= REINICIAR: C: / Usuarios / computadoras saifia / Escritorio / strike game.py

Tienes que seleccionar la operación que prefieras.

1. Suma de números.

2. Resta de números.

3. Multiplicación de números.

4. División de números.

Tienes que seleccionar las operaciones entre los siguientes números 1, 2, 3, 4: gh

Rastreo (llamadas recientes más última):

    Archivo "C: / Users / saifia computers / Desktop / strike game.py", línea 27, en <módulo>
    selection = int (input ("Tienes que seleccionar las operaciones de los siguientes números 1, 2, 3, 4:"))
ValueError: literal no válido para int () con base 10: 'gh'
>>>

Conclusión

Ahora que ha llegado al final del libro, el siguiente paso es practicar todos los conocimientos adquiridos.Python es un lenguaje fácil e interesante si le gusta practicar lo que aprende. Puede hacer que los robots jueguen fácilmente si aprende el idioma de memoria. Del mismo modo, puede aprender fácilmente el oficio de la animación.

Espero que no se detenga en este final, sino que continúe practicando lo que ha aprendido del libro. Los más importantes son los básicos, como los tipos de datos. Una vez que sepa qué son y cómo usarlos en la codificación, puede navegar fácilmente por conceptos complejos como programación orientada a objetos y bucles.

Referencias

Eric Matthes. 2016. Curso intensivo de Python [archivo PDF]. San Francisco: William Pollock. http://bedford-computing.co.uk/learning/wp-content/uploads/2015/10/No.Starch.Python.Oct_.2015.ISBN_.1593276036.pdf

Tipos de datos de Python. nd
https://www.w3schools.com/python/python_datatypes.asp

Python Tuples, nd
https://www.w3schools.com/python/python_tuples.asp

Python If… Else, nd
https://www.w3schools.com/python/python_conditions.asp

Variables globales y locales en Python. nd
https://www.geeksforgeeks.org/global-local-variables-python/

Diccionarios de Python. nd
https://www.w3schools.com/python/python_dictionaries.asp

Programa Python para hacer una calculadora simple. nd
https://www.programiz.com/python-programming/examples/calculator

Usando IDLE (IDE de Python). nd
http://www2.cs.arizona.edu/people/mccann/usingidle